Karl Schultess

Papst Silvester II. (Gerbert) als Lehrer und Staatsmann

Karl Schultess

Papst Silvester II. (Gerbert) als Lehrer und Staatsmann

ISBN/EAN: 9783743320642

Hergestellt in Europa, USA, Kanada, Australien, Japan

Cover: Foto ©ninafisch / pixelio.de

Manufactured and distributed by brebook publishing software
(www.brebook.com)

Karl Schultess

Papst Silvester II. (Gerbert) als Lehrer und Staatsmann

Papst Silvester II. (Gerbert)

als Lehrer und Staatsmann.

Von

Dr. *Karl Schultefs.*

Wissenschaftliche Beilage

zum

Osterprogramm des Wilhelm-Gymnasiums in Hamburg 1891.

Hamburg, 1891.

Gedruckt bei Lütcke & Wulff, Eines Hohen Senates, wie auch des Johanneums Buchdruckern.

Progr. Nr. 722.

I. Quellen.

§ 1. Die besten Nachrichten über *Gerbert* finden wir in einer Sammlung seiner Briefe, Verse und Streitschriften aus den bewegtesten Jahren seines Lebens (983—997). Während die Geschichtschreiber dieser Zeit sich meistens auf eine trockene Angabe der wichtigsten Ereignisse beschränken, lehren uns diese Briefe die Gedanken und Wünsche, die Zweifel und Kämpfe ihres Verfassers besser kennen, als es den Mitlebenden möglich war. Sie stammen ausschließlich aus seinen reiferen Mannesjahren; denn erst in Bobbio hielt er es wegen der Verantwortlichkeit seiner Stellung für nötig, den Wortlaut seiner Briefe vor der Reinschrift aufzuschreiben oder nachträglich eine Abschrift von ihnen zurückzubehalten[1]. Dies Conceptbuch hat nur teilweise den Zweck, das Material für seine Geschichte zu sammeln und die in den Briefen berichteten Thatsachen der Vergessenheit zu entreißen. Häufig kommt es dem Sammler nur auf die Erhaltung des einmal gefundenen passenden Ausdrucks an, der für ihn selbst und für Andere später als Vorbild dienen konnte.

Dies Überwiegen des stilistischen Interesses über das historische erschwert die Benutzung dieser Briefe für die Geschichte sehr. Allerdings sind sie in der Reihenfolge ihrer Entstehung niedergeschrieben, und in dieser Ordnung hat er sie selbst in seinen letzten Lebensjahren herausgegeben oder nach seinem Tode hinterlassen. Aber in dieser, vom Absender selbst veranstalteten Ausgabe, vermissen wir fast immer das Datum und in den meisten Fällen auch Überschrift und Unterschrift. Die eigentliche Überschrift ist nur überliefert, wenn sie durch charakteristische und ehrende Bezeichnung des Empfängers und Absenders stilistischen Wert hat[2]. Die in unsern Handschriften überlieferten Titel, welche schmucklos nur die Namen enthalten, sind nicht die ursprünglichen, und sie finden sich als übersichtliche Inhaltsangabe auch da, wo die wirkliche Überschrift noch erhalten ist. (6. 7. u. a.). Die eigentlichen Briefe selbst sind oft so dürftig und phrasenhaft, daß ihr Inhalt auch in unserer vielschreibenden Zeit kaum das Absenden einer Karte rechtfertigen würde, nicht etwa, weil Gerbert solche Briefe abschickte, sondern weil er nur dies wenige in sein Heft eintrug. Rein thatsächliche Mitteilungen sind ihm zuweilen nicht interessant genug; deshalb fehlt am Ende des Briefes 44 die Liste mehrerer gewünschten Bücher, und aus demselben Grunde sind von den Eigennamen meistens nur die Anfangsbuchstaben gesetzt.

§ 2. Dazu kommt eine mangelhafte Überlieferung und bis vor kurzem auch eine ungenügende Herausgabe des Textes. Erst Olleris hat die Handschrift in Leyden (L), erst Bubnow und Havet haben die der römischen Bibliothek bei S. Maria in Vallicella (V) benutzt, so

a

daß jetzt endlich in der Edition das gethan ist, was bis zur Entdeckung etwaiger neuer Hilfsmittel geleistet werden kann. Wir können nach den vortrefflichen Erörterungen Havets alle noch vorhandenen Handschriften und die ersten Drucke auf zwei verschiedene Ausgaben aus Silvesters letzter Zeit zurückführen, von denen das erste Exemplar in der Handschrift L noch vorliegt, während das zweite, verlorene (P) aus mehreren Abschriften zu reconstruiren ist.

Die erste finden wir in der Handschrift L (codex Vossianus latinus no. 54 in Quart, 25½ × 16½ cm, 11. Jahrh., auf Pergament) in der Universitätsbibliothek zu Leyden. Sie enthält folgende Schriften Gerberts:

a) die Akten der Reimser Synode von 991 und die dazu gehörigen Auszüge aus den Akten früherer Synoden auf den Blättern 1—40 (in 5 Quaternionen), und durch den Buchbinder davon getrennt: Blatt 107—112 (107 und 108 einzeln, 109—112 ein Heft).

b) Brief an Wilderode (217) auf Blatt 41—52ᵛ.

c) Brief 1—38, 40, 42—46, 53, 67—88, 91 unvollständig; 92, 93, 95, 96, 99, 101—110, 112—116, 117 unvollständig; 118—135, 136 unvollständig; 138—146, 148—180 auf Blatt 52 v — 81. — Concil von Mouzon Blatt 82ʳ — 84ʳ. — Rede der Bischöfe „in concilio Causeio" Blatt 84ʳ — 87ʳ. — Brief 181—212 bis amaros auf Blatt 87ʳ —97ᵛ. — Von den unter b und c genannten bilden Blatt 41—96 sieben vollständige Quaternionen, während Blatt 97 einzeln ist und auf ihm der letzte Brief 212 mitten im Satze abbricht. Daraus geht hervor, daß die Handschrift ursprünglich aus mehr Blättern bestanden hat, die beim letzten Einbinden verloren gegangen, von denen aber anderweitig einige Trümmer erhalten sind. Das bisher genannte ist auf Pergament geschrieben.

d) Der Brief an Constantin und die Praeparatio auris ad scribendum auf dem einzelnen Blatt 98.

e) Die Schriften über die Division der Zahlen, Gerberts Brief an Adalbold, Adalbolds Brief an Gerbert (Blatt 99—106), Papierhandschrift des 16. oder 17. Jahrhunderts in zwei Binionen.

f) Schriften anderer auf Blatt 113—136 (auf Pergament, in 3 Quaternionen).

§ 3. Bubnow und Havet weisen überzeugend nach, daß L nach dem Jahre 999 von Gerberts Handschrift abgeschrieben wurde, und daß der Abschreiber, vielleicht ein Mönch namens Stabilis, die stenographischen Zeichen der Urschrift nicht lesen konnte und die so geschriebenen Worte und ganzen Briefe deshalb ausließ. Bestimmt war dieser Sammelband Gerbertscher Schriften für den Abt Constantin von Micy, an welchen Gerbert mehrere Briefe (86, 142, 191) und eine mathematische Schrift (Blatt 98, Olleris 479—80) gerichtet hat. Bubnow und Havet S. XLIII, 6 bemerken, daß Bischof Gauzlin 1022 die professio fidei Gerberts, die jetzt nur in L erhalten ist, gekannt hat, doch läßt sich damit nicht die Benutzung von L durch Gauzlin beweisen, da das Bekenntnis des Reimser Erzbischofs damals jedenfalls durch den auf der Synode von 991 anwesenden Erzbischof Daibert nach Bourges gebracht war.

Nachher kam L in den Besitz von Peter Pithou, der die mit L¹ bezeichneten Nachträge³) machte, und ihn dem Nicolaus Vignier vor 1587 zur Benutzung überließ. Vignier fand hinter Blatt 97 noch drei andere aus den Jahren 996 oder 997, von denen er einige Stellen in der bibliothèque historiale II 1587 abgedruckt hat. Den Fehler in der Überschrift von 186 hat Vignier S. 635 mit L gemeinsam, während V eine bessere Lesart hat. Von Peter Pithou erbte ihn dessen Bruder Franz Pithou († 1621), zu dessen Zeit protestantische Buchhändler in Frankfurt 1600 daraus die Akten der Reimser Synode und die antirömischen Briefe 188, 192 und 217 abdruckten. Außerdem benutzte ihn damals Baluze zu einer Vergleichung mit der Massonschen Ausgabe, und André Du Chesne druckte im zweiten Bande seiner Scriptores 53 Briefe nach einer Jacob Sirmond gehörenden Abschrift von L ab, welche die dem Vignier noch zugänglichen Blätter hinter 97 nicht mehr enthielt. Sein Sohn Franz Du Chesne besaß L selbst und verkaufte ihn (1650—57) an die Königin Christine von Schweden. Aus ihrem Besitz nahm ihn Isaac Vossius (1618—89) an sich, dessen Nachlaß die Universität Leyden kaufte.

Eine Handschrift der römischen Bibliothek Barberini (XXXII 67, auf Papier, 17 Jahrh., Abschriften von L. 43 Blätter) ist nach L Blatt 76—97 vor der Herstellung des jetzigen Einbandes gemacht. Sie enthält Brief 212 vollständig und stimmt, von Schreibfehlern abgesehen, ganz mit L überein. So haben nach meinen Notizen u. a. beide übereinstimmend in 204 Adhelaidi mit h, in 208 Adelaidi ohne h geschrieben. Dasselbe soll von einer früher in Cheltenham, jetzt in Berlin befindlichen Handschrift gelten. Die genaue Vergleichung Bubnows ist mir nicht zugänglich gewesen.

§ 4. Außer der Handschrift L, die von Olleris und Havet sehr genau verglichen Verlorenes Exemplar P. und auch von mir benutzt ist, gab es eine jetzt verlorne, die wir nach Bubnows Vorgang P nennen. Vielleicht ist es dieselbe, die sich im 12. Jahrhundert zu Cluny befand, und mit den auf P zurückgehenden Texten stimmt der codex latinus 11127 *) der Pariser Nationalbibliothek, welcher aus dem Ende des 10. Jahrh. stammen soll, überein. Besonders wichtig wird die mit P bezeichnete Überlieferung dadurch, daß der Verfasser die im Urtext befindlichen stenographischen Zeichen lesen konnte und, während L dieselben ausläßt, sie bei den vollständigen Briefen in gewöhnlicher Schrift, bei einzelnen Worten auch in Zeichen, die dem Original nachgebildet sind, wiedergiebt. Ein Citat in L Blatt 62ᵛ zu Brief 91 weist darauf hin, daß P vielleicht einem Ranchinus gehörte. Nicolaus Faber, der Lehrer Ludwigs XIII, hatte 159 Briefe aus einem vetus codex (vgl. Brief 181, Note z) abgeschrieben und diese nach ihm genannten „schedae Fabri" 1602—5 an den Cardinal Caesar Baronius gesendet.

In einem Sammelband aus der Bibliothek des letzteren, einer Papierhandschrift des Handschr. V. 16. und 17. Jahrh. in 4° befindet sich der codex V, bibliothecae Vallicellianae G. 94. Auf Blatt 87—114 stehen nummeriert 159 Briefe, nämlich 2—152, 186, 187, 213—216, 181 unvollständig. Stück eines Briefes von Abbo über Gerbert und 218—220. Die letzten vier standen nicht in Fabers vetus codex. Baronius citiert Gerberts Briefe im 11. Bande seiner Annales nach dieser Handschrift. Seitdem ist sie erst von Bubnow und Havet mit gutem Erfolge wieder ans Licht gezogen und hat sehr wesentliche Aufschlüsse gebracht. Fabers Handschrift ist ferner von Baluze benutzt, der sie schedae Fabri nannte. Olleris bezeichnet diese in der Nationalbibliothek zu Paris befindlichen Sammlungen von Baluze mit B. Doch finden sich darunter auch Lesarten von L und eigne Conjekturen von Baluze.

Direkt benutzt ist der vetus Codex Fabers oder P selbst von Masson 1611, der ihn Masson. Du Chesne. mit vielen Fehlern abgedruckt hat (M). Mehr Schaden als die zahlreichen Druckfehler hat die voreilige Ergänzung der Überschrift des Briefes 58 angerichtet, die zu einer, erst durch die neue Ausgabe beseitigten, Verwirrung der Chronologie Anlaß gegeben hat. Den Brief an Azolin (app. IV), welchen V nicht hat, bezeichnet Jo. Masson ausdrücklich als nicht zur Publikation

a*

seines Vaters Pap. Masson gehörend. Die Masson'sche Ausgabe druckte Andr. Du Chesne 1636 (D) ab und verbesserte die Fehler nach den schedae Fabri oder dessen vetus codex. Diesen ersten 161 Briefen fügt er als Nachtrag 55 andere nach der Sirmond'schen Abschrift von L hinzu.

Briefe Anderer. Einzelne Worte in Kurzschrift. § 5. Sahen wir oben, daß Gerberts Briefsammlung wahrscheinlich die Abschrift seines Conceptbuches ist, so nimmt es uns nicht Wunder, daß gelegentlich auch Briefe, die zu beantworten waren, eingetragen wurden (31, 143, 186, 218), und daß sogar Briefe anderer an andere sich unter ihnen finden (213—216), deren Abfassung durch Gerbert nicht sicher ist. Bei seinem Aufenthalt in Italien ward er mit einer stenographischen Silbenschrift bekannt, deren er sich nachher gern bediente, wenn er sein Concept schnell entwerfen wollte, wenn der ganze Brief (201), oder einzelne Teile desselben, besonders Eigennamen, kein Interesse boten oder für eine später zu benutzende Vorlage unwichtig schienen. Auch die Unterschrift der Bullen 3906, 3925, 3927 ist in solchen Zeichen geschrieben,[3] um jede böswillige Nachahmung unmöglich zu machen. Da diese Zeichen in Frankreich unbekannt waren, verwendete er sie im Conceptbuche außerdem da, wo er seine Schrift für den Fall einer Entdeckung unlesbar machen wollte. In den abzusendenden Briefen selbst durfte er sie nicht gebrauchen, da sie dann den Empfängern unverständlich gewesen wären.

Worte in solcher stenographischen Silbenschrift finden sich in einer größeren Anzahl von Briefen in V und B, (also in denen, welche aus P oder den schedae Fabri stammen), während sie im Text von L stets ganz fehlen und nur einmal (136) von Fr. Pithou lesbar nachgetragen, an anderen Stellen unverständlich nachgebildet sind. Masson und Du Chesne haben ohne Sinn große Buchstaben dafür eingesetzt. Das von Gerbert angewandte System hat Havet dargelegt[6], doch scheinen die Ergebnisse der Entzifferung noch nicht ganz sicher zu sein, da Bubnow teilweise zu anderen gelangt. Die so gewonnenen Ergänzungen einzelner Worte sind für die Geschichte besonders wichtig, weil es meistens Eigennamen sind.

Geheime Briefe. § 6. Havet nimmt an, daß Gerbert auch ganze Briefe in diesen Silbenzeichen geschrieben hat, wenn sie in der Zeit ihrer Entstehung für Gerbert gefährlich waren. In solche Verhältnisse kam er im Jahre 984, wo er in den Briefen 34 und 38 sagt, daß er aus Vorsicht viele Mitteilungen nicht mehr aufschreiben, sondern nur mündlich durch getreue Boten bestellen könne. Gleich nachher folgen in P mehrere Briefe, deren Bekanntwerden für Gerbert nicht erwünscht sein konnte: 39, 41 (Tempora periculosa libertatem tulerunt dicendi quae velis dilucide), 47, 48 (Obscuram epistolam et sine nomine paucis absolvimus), 49—52 u. s. w.. Diese Briefe fehlen in L, während sie in P an der richtigen Stelle stehen; die Briefe 91 und 117 sind in L begonnen, während der Schluß nur in P steht. Der Schluß von 136 und 137 scheint auf einem jetzt verlorenen Zettel gestanden zu haben.

So kennzeichnet sich L als eine einfache Copie, deren Schreiber die ihm vorliegenden Werke Gerberts für den Gebrauch Constantins von Micy abschrieb, ohne daß jemand ihm beim Entziffern der für ihn unlesbaren Stellen beistand. Es ist wahrscheinlich, daß auch nach dem Briefe 152, wo der Vergleich mit P aufhört, manche Briefe ausgelassen sind, da die Zeiten für Gerbert gerade da recht trübe und gefährlich wurden. Nicht an der richtigen Stelle stehen die Briefe 181—187, 188 und 189. Vermutlich hatte Gerbert bei ihrer Abfassung sein Heft nicht zur Hand und legte die Abschriften später in das fertige Heft hinein, statt sie hinten anzuheften. Über 189 ist später (§ 9) zu sprechen.

§ 7. Einen ganz andern Charakter hat P (V M D), welche von Gerbert zu bestimmten Zwecken, vielleicht für den Gebrauch Ottos III. redigiert ist. An einer großen Anzahl von Beispielen zeigt Havet, daß die von L abweichenden Lesarten teils Schreibfehler sind, teils sich daraus erklären, daß Gerbert das von ihm selbst Geschriebene für die Herausgabe stilistisch zu bessern suchte. Zu den Schreibfehlern würde ich 186 L Bornero, D vignero rechnen; denn wie sollte er dazu kommen, Ottos III. eigne Verse zu corrigieren? Auf die Bestimmung von P für den Gebrauch Ottos weist der Inhalt hin, denn die meisten Briefe (1—152) zeigen, wie er allein oder mit Adalbero für die deutsche Sache in Italien und Frankreich eintritt, 186 und 187 enthalten die Anknüpfung der Beziehungen zu Otto III. Einen Nachtrag dazu, der zeitlich vor 186 gehört hätte, bilden 213—216, Briefe Ottos III. von 996 enthaltend, und der Anfang von 181. Die meisten in L fehlenden Stellen hat P in gewöhnlicher Schrift, die andern in Silbenschrift.

Wo L und P übereinstimmen, haben wir die Lesarten der Urschrift, wo beide von einander abweichen, trägt entweder ein Schreibfehler die Schuld, oder P enthält eine spätere Redaktion Gerberts, und für den geschichtlichen Gebrauch ist dann die frühere in L vorzuziehen. Havet spricht S. LXX f von Varianten in P, die sich aus mißverstandenen Abkürzungen erklären, wie et statt vel, dominus (Jesus) statt deus. Dahin gehört wohl auch der Titel von Brief 4, welcher in L mit Divi Caesaris statt Domini Caesaris anfängt.

§ 8. Wir dürfen a priori annehmen, daß die Reihenfolge der in den Handschriften überlieferten Briefe, zumal da beide fast ganz übereinstimmen, die richtige ist, d. h. daß Gerbert selbst die Briefe in dieser Ordnung eingetragen und in der Regel auch abgefaßt hat. Wir dürfen von der überlieferten Reihenfolge nur abweichen, wenn uns innere oder äußere Gründe dazu zwingen. Diesen Grundsatz hat Wilmans in seiner Geschichte Ottos III. befolgt, aber leider hat der von Masson entstellte Text in Brief 58 ihn zu einer Verschiebung der Ereignisse von 984 und 985 veranlaßt, die in alle neueren Geschichtswerke übergegangen ist. Die früheren Herausgeber und Geschichtsschreiber sind fast ausnahmslos in der Datierung, Olleris auch in der Anordnung ihrer eignen Phantasie gefolgt, und bis 1889 war über die Reihenfolge der Briefe in L nur aus der Hdschr. selbst Auskunft zu holen.

Auf Grund des von ihm geordneten handschriftlichen Materials hält Bubnow die übereinstimmende Reihenfolge von L und P für die richtige, den in beiden verschieden gestellten Brief 181 setzt er an die Stelle, wo ihn L hat. Havet folgt der Ordnung von L P von 1 bis 180 und giebt auch die folgenden (181—212) in der Ordnung von L heraus. Daran schließen sich die 4 Briefe Ottos III von 996 (213—216), welche nur in P stehen, dann der in L vor den anderen Briefen überlieferte Brief (217) an Wilderode und die 3 Fragmente verlorener Briefe (218—220) aus dem Jahre 997, die Vignier wahrscheinlich aus dem damals noch vollständigeren L entlehnt hat. Bei der ihm eignen Gewissenhaftigkeit hält Havet in der Ausgabe an dieser Reihenfolge fest, in den Anmerkungen und der Einleitung giebt er an, in welcher Folge er sie sich geschrieben denkt.

§ 9. So können 181—187, in denen Otto III. als Kaiser bezeichnet wird, aus eben diesem Grunde erst nach der Krönung (21. Mai 986) verfaßt sein, während 188 vor dem Tode des Adressaten Johann XV. (April 986) geschrieben sein muß, da an den Gegenpapst Johann XVI. nicht zu denken ist. — Die Überschrift von 189 nennt den Erzbischof Adalbero († 23. Januar 989) als Absender. Ist die Überschrift richtig, so gehört dieser Brief vor Brief

150, ist aber der Name Adalbero irrtümlich vom Abschreiber hinzugesetzt (denn die ursprüngliche Überschrift fehlt), so kann 189 von Gerbert im eigenen Namen verfaßt und vor Brief 190 geschrieben sein. Für die Geschichte und die Beurteilung Gerberts ist diese Frage gleichgültig. Br. 190 bis 199 fallen in die Zeit von 991—995, wo Gerbert Erzbischof von Reims war, und von ihnen enthält 193 einen Hinweis auf den 995 verfaßten Brief (217) an Wilderode, der in L als Streitschrift vor den Briefen steht. Br. 200 bis 209 gehören in dieselbe Periode seines Lebens, und Havet setzt 207 und 209 nach März 997. Er beruft sich darauf, daß der in beiden Briefen erwähnte Streit auch in den Briefen Abbos von Fleury an Gregor V. als zu dessen Zeit, also nach April 996, entbrannt bezeichnet wird. Nicht zu verwechseln ist dieser bei Abbo 5 (Migne 139, 424) genannte Streit des Erzbischofs von Tours mit den Mönchen des Klosters von St. Martin in Tours und der andere, welchen der Abt des Klosters Marmoutiers bei Tours (Majus monasterium St. Martini bei Abbo 8, Migne 429 c. 430 b) mit den eigenen Mönchen hatte. Br. 210 bis 212 schildern die unerträglichen Zustände, die ihn zum Verlassen von Reims zwangen. Br. 213 bis 216, die nur in P stehen, sind in das Jahr 996 zu stellen und vielleicht nur durch Zufall an Gerberts Sammlung angefügt, während die von Vignier einzeln überlieferten, vielleicht aus dem noch vollständigen L entlehnten Stücke 218 — 220 ihrem Inhalt nach im Jahre 997 geschrieben sein können.

Havets Methode zur genaueren Datierung. § 10. Da nur wenige Briefe nachweislich an, vor oder nach einem bestimmten Datum geschrieben sind, hat Havet sich für berechtigt gehalten, alle zwischen 2 datierbaren Briefen stehenden Briefe auch zeitlich zwischen diese beiden zu stellen. Ebenso ist mit ihm anzunehmen, daß mehrere, in dieselbe Gegend geschickte Briefe möglichst demselben Boten übergeben und also gleichzeitig abgesandt wurden. Weniger zwingend erscheint die auf je 2 Fälle sich stützende Vermutung (S. LXXV, 1), daß alle Provinzialsynoden am Sonntag, alle Bischofsweihen am Sonnabend abgehalten seien und daß man nach diesem Grundsatz ein bekanntes Monatsdatum, dessen Jahr nicht überliefert ist, in ein bestimmtes Jahr setzen könne, in welchem der überlieferte Tag auf den Sonntag bez. Sonnabend fällt. Bei dem Brief in app. I ist er selbst genötigt, von dieser Regel abzuweichen, und den 3. Juli auf einen Montag zu legen, der nun der zweite Tag einer Synode sein soll.

Brief 94. Bedenken erregt die Stellung von 94, der in L fehlt. Nach dem Anfang „Octavo, Kal. octob. (soweit auch in L¹) Reniher" zu urteilen, ist er im September 986 geschrieben. Die in 89 erzählte Überrumpelung Adalberos läßt sich schwer in den September 986 verlegen, weil die darin genannten Termine (27. März 987 Urteil über Adalbero, 28. Febr. 987 Zusammenkunft mit Odo und Heribert) gar zu weit hinausgeschoben scheinen. Ob trotzdem die Stellung richtig ist, ob der Brief an falscher Stelle steht, oder ob statt octob. vielleicht noster gestanden hat und der Monat, wie auch in Zeile 4, fehlte, ist nicht mit Sicherheit zu entscheiden. Auch in Brief 103 hat V eine von L abweichende Angabe des Datums. Die folgende Darstellung läßt den Brief an der überlieferten Stelle stehen.

Verdienst Havets. Sie versucht im Übrigen zu zeigen, daß Havet mit vollstem Rechte die Briefe nach der handschriftlichen Reihenfolge geordnet hat. Mit dieser Regel verträgt sich sehr wohl die Ausnahme, daß 181—187, 188 und vielleicht auch 189 auf einzelnen Blättern geschrieben und nachträglich in die bis 212 und darüber hinausreichende Handschrift hineingelegt, statt ihr hinten angeheftet zu werden. Auf dieser Grundlage fußend, sind wir der Mühe überhoben, in jedem einzelnen Falle die abweichenden Datierungen von

Barthélemy. Giesebrecht. Hock. Kalckstein. Wilmans. Witte u. a. zu widerlegen, wenn die uns jetzt geordnet vorliegende handschriftliche Überlieferung diesen Dienst für uns übernimmt. Innerhalb des durch sie gebotenen Rahmens sind Verschiebungen der Daten, nicht der Briefe, durchaus berechtigt, und auf diese Fälle beschränken sich die im folgenden vorkommenden Abweichungen von Havet.

§ 11. Von den Ausgaben Gerbert'scher Schriften sind für wissenschaftliche Zwecke zu benutzen:

Brauchbare Ausgaben.

1) A. Olleris, Oeuvres de Gerbert pape sous le nom de Silvester II, collationnées sur les manuscrits, précédées de sa biographie, suivies de notes critiques et historiques. Clermont.-Fd. et Paris 1867. 4°. Als Sammlung aller echten und unechten Schriften Gerberts ist dies Werk noch jetzt unentbehrlich. Die in L überlieferten Streitschriften stehen auch in den Monumenta Germaniae, SS. III 658 f. Leider ist die von Olleris beliebte, ganz willkürliche und oft falsche Gruppierung der Briefe für die historische Forschung nachteilig gewesen, und bis 1889 war es schwer, sich in Gerberts Briefe zu vertiefen, weil in den meisten Fällen der Text bei Olleris, die Reihenfolge bei Du Chesne und Migne sich als richtig erwies und über die Ordnung in den Handschriften nichts gedruckt war. So ist jetzt für die Briefe ausschließlich zu gebrauchen:

2) Julien Havet, lettres de Gerbert (983—997) publiées avec une introduction et des notes. Paris, Picard. 1889. Hier findet sich ein gereinigter Text, in der richtigen Reihenfolge der Überlieferung, vereinigt mit vortrefflichen und praktisch geschriebenen kritischen und erklärenden Anmerkungen. Da diese uns auf Schritt und Tritt begleiten und uns nach Möglichkeit über die erwähnten Personen und Verhältnisse Auskunft geben, machen sie die bis dahin vorwiegend mühevolle Lektüre zu einem Genuß. Obwohl Olleris' Zählung in alle Bücher übergegangen ist, sind wir deshalb berechtigt nur noch nach Havets Ausgabe zu citieren. Ungern vermissen wir in ihr die Briefe Oll. 220 und 222, die im Anhang am Platze gewesen wären; Hötler und Olleris (p. VIII m) haben sie nach Blatt 56 der Richer-Handschrift in Bamberg abgedruckt. Die Benutzung hätte Havet noch erleichtert durch eine kurze Inhaltsangabe über jedem Briefe, wie sie sich in den Diplomata der Monumenta Germaniae über jeder Urkunde findet. Niemand wäre besser dazu im stande gewesen, als er, und dem Geschichtsforscher wäre damit mehr gedient, als mit einer Übersetzung, denn die Schwierigkeit, den oft dunkeln und nicht überall sicher überlieferten lateinischen Text in ähnlichem Stil und mit gleicher Vieldeutigkeit des Ausdrucks wiederzugeben, ist bisher noch ungelöst.

Von Übersetzungen erwähnt Havet S. LVI die 1847 erschienene von Barse, welche er als unzureichend bezeichnet. Édouard de Barthélemy (Gerbert, étude sur sa vie et ses ouvrages suivie de la traduction de ses lettres. Paris et Lyon 1868) hat noch den Text von Du Chesne als Vorlage und giebt an wirklich schwierigen Stellen selten treffenden Rat.

Übersetzungen.

Leider kann ich das in St. Petersburg erschienene Buch von Nicolas Bubnow nicht benutzen, da ich der russischen Sprache nicht kundig bin. Den 1888 gedruckten Band I hat Havet noch verwertet, über den später erschienenen II 1 habe ich bisher keinen Bericht gelesen.

Bubnow.

§ 12. Von derselben Wichtigkeit wie die Briefe sind für Gerberts Geschichte seine Sitzungsberichte wichtiger Synoden und Denkschriften, die von ihm um 995 aus-

Denkschriften.

gearbeitet und in dem Sammelbande L von derselben Hand abgeschrieben sind. Sie sind am besten herausgegeben in den Monumenta Germaniae SS III 658 f. und bei Olleris S. 173 f. Darunter steht (nicht in L, sondern im cod. regius Bruxellensis 503 überliefert) der Brief des Abtes Leo an die französischen Könige. Gerberts später oft zu benutzende Schriften sind 1) Acta concilii Remensis ad sanctum Basolum (in Verzy, südlich von Reims), am 17. und 18. Juni 991. Gerbert arbeitete sie 995 aus. — 2) Concilium Mosomense von 995. — 3) Oratio episcoporum habita in concilio Causeio in praesentia Leonis abbatis, legati papae Johannis. — 4) Brief an Bischof Wilderode von Straßburg, auch bei Havet als Br. 217.

§ 13. Verhältnismäßig wenig sind seine wissenschaftlichen Abhandlungen und Lehrbücher benutzt. Außer den bei Olleris vereinigten erwähnt Havet S. XXXIX noch einen, von Bubnow I 315—318 abgedruckten, zweiten Brief an Constantin über verschiedene Gegenstände. Seine mathematischen, eine astronomische und eine philosophische Schrift sind in § 38, 44—47 zu erwähnen. Von den beiden theologischen ist der sermo de informatione episcoporum [1], welcher überhaupt nur in einer Handschrift Gerberts Namen trägt, eine verbesserte Abschrift von Ambrosius de dignitate sacerdotali und stammt aus einer Zeit, wo man den Soldaten als barbarus bezeichnete. Eine Schrift über die Engel (Olleris S. 658) und über die Abendmahlslehre (de corpore et sanguine Domini) liegt abseits von unserem Thema. „Seine mathematische Bildung“, sagt Ebert sehr treffend, „verläugnet sich auch in dieser dogmatischen Schrift nicht, indem er das Verhältnis zwischen Christus, dem Abendmahl und der Kirche einer arithmetischen Proportion vergleicht und so auch tabellarisch veranschaulicht.“

§ 14. Für die Zeit nach Abschluß der Briefsammlungen sind 4 Berichte über Concilien und eine von Gerbert bekannt gemachte Verfügung Ottos III (bei Olleris S. 257—268), sowie die päpstlichen Bullen, die in den

Regesta pontificum Romanorum (ed. Phil. Jaffé. Editionem secundam correctam et auctam auspiciis Gu. Wattenbach curaverunt S. Löwenfeld, F. Kaltenbrunner, P. Ewald. Tom. I. Lipsiae 1885), von Jaffé und Löwenfeld unter nr. 3900—3940 aufgeführt, und bei Olleris S. 145—172 größtenteils abgedruckt sind.

§ 15. Von den zeitgenössischen Quellen sind für die Chronologie unentbehrlich die bei Jaffé abgedruckten Bullen vor Silvesters II Zeit und das Verzeichnis der Kaiserurkunden im zweiten Bande von K. F. Stumpf-Brentano, die Reichskanzler vornehmlich des X, XI und XII Jahrh., Innsbruck 1865—1883. Die Gesammtausgabe der Diplomata, welche in der Quart-Ausgabe der Monumenta Germaniae erscheint, ist leider bisher nur bis zu denen Ottos II. gekommen. Die bald zu erwartende Ausgabe über die Zeit Ottos III. wird vielleicht mancherlei neues bieten. Unter den jetzigen Verhältnissen ist das Aufsuchen der nach den verschiedensten Grundsätzen edierten Urkunden, welche selten eine Ausbeute geben, sehr mühsam. Die wichtigen Urkunden von Bobbio und Reims sind mir meistens nur in Auszügen bekannt, und eine Vergleichung der Titel und Siegel Ottos III., die sich später in wenigen Stunden machen läßt, ist jetzt nur in den größten Bibliotheken möglich.

§ 16. Die beste Ergänzung zu Gerberts Briefen bilden die vier Bücher der historiae seines Schülers Richer [5]. Von seinem Vater Rodulf, einem Ritter und Berater Ludwigs IV. des Überseeischen, hatte er Vaterlandsliebe und Interesse für politische und militärische Dinge geerbt, trat aber trotzdem nach dem J. 966 in das Remigiuskloster bei Reims und genoß in Gerberts Schule einen guten Unterricht. Bei seinem großen Interesse für die Medizin begab

Wissenschaftl. Abhandlungen.

Amtliche Schriften. Bullen Silvesters II.

Bullen und Kaiserurkunden.

Richers Leben.

er sich 991 zum Studium derselben nach Chartres. Kurz nachher veranlaßte ihn Gerbert, der nach Arnulfs Absetzung Erzbischof geworden war, die Geschichte Galliens zu schreiben, ein Werk, welches er in drei Jahren vollendete (995 und 996 den einleitenden Brief, Buch I, Buch II 1 bis 78. — 996 bis 998 Buch II 79 bis 103, III, IV und die Nachträge).

Richer ist in erster Linie Franzose, und als solcher liebt er sein Volk und das alte Herrscherhaus der Karolinger. Gern verherrlicht er den Ruhm seiner Landsleute, auch auf Kosten Anderer, und von dem Gedanken an das Erbrecht Karls von Niederlothringen kann er sich nicht ganz freimachen (IV 39. 49). Da er auf Gerberts Antrieb seine Geschichte schrieb und sie ihm widmete, konnte und wollte er nichts sagen, was diesen nach seiner Meinung hätte herabsetzen müssen. So erzählt er möglichst wenig von Gerberts engen Beziehungen zum kaiserlichen Hofe und von seinem Aufenthalt in Bobbio (vgl. aber III 65 unten und den Nachtrag). Er verschweigt Gerberts zweideutiges Verhalten gegen Arnulf und schildert Arnulfs Verrat ausführlich, um dadurch die Rechtmäßigkeit seiner Absetzung darzuthun. Seinen positiven Nachrichten zu mißtrauen haben wir keinen Grund, doch dürfen wir nie vergessen, daß er kein Annalist sein, sondern nach römischem Vorbild Geschichte schreiben will, deren Schauplatz er kennt und zu beschreiben bemüht ist. Uns interessiert die Beschreibung seiner eigenen Zeit von III 22 an. Zuverlässigkeit.

§ 17. Da zeigt sich eine gewisse Flüchtigkeit in dem Bericht über Gerberts Disputation und die Synoden von Reims und Mouzon, wo ihm jedesmal zuletzt die Geduld ausgeht, und in der Angabe der Lebensalter. Zwischen adolescens und juvenis macht er keinen Unterschied. Von Gerbert sagt er III 43: er kam (i. J. 967) als adolescens in die spanische Mark; III 44, bei der Ankunft in Rom (971), heißt er erst einmal adolescens, dann dreimal juvenis. Sein rhetorischer Stil veranlaßt ihn, beide Worte als gleichbedeutend zu gebrauchen. Noch schlimmer Bruno in der vita S. Adalberti (SS. IV 599), der Otto II. im Jahre 982 erst als magnanime juvenis, dann als rex puer bezeichnet. So sind diese Stellen Richers für Gerberts Geburtsjahr nicht zu verwerten, wie Gerbert selbst sagt im Jahre 997 von sich (194): quae adolescens didici, juvenis amisi et, quae juvenis concupivi, senex contempsi! Ob ihm seine Kränklichkeit (128. 162. 208) oder seine hohe Stellung das Recht auf die senectus vor dem 60. Lebensjahre gab? Sonst wäre sein Geburtsjahr spätestens 937. Ungenau und zum Irrtum verleitend ist der Gebrauch demonstrativer und relativer Pronomina bei der Verbindung der Sätze und Abschnitte. So III 22: huic quoque . . Adalbero . . successit. Huic bezieht sich nicht auf den in 21 genannten Arnulf, sondern auf Odelricus, von dem 18. 20 die Rede war. III 50 ist nicht zu verstehen, wenn wir nicht die Relativa: quam cum . . . cujus positionem . . qua in orizonte sic collocata alle auf das im vorhergehenden Satze stehende sphaera beziehen, was grammatisch eigentlich nicht statthaft ist. Das qua im dritten Satze greift kühn über zwei andere hinweg, oder die Sätze mit quam und cujus sind erst nachher eingeschoben, und die zuerst richtige Construktion ist dadurch falsch geworden. Wie im kleinen in der Satzverbindung, so auch im Großen. Ungenaue Angabe des Lebensalters. III 22. III 50.

§ 18. III 22—24 Adalberos Wahl und Fürsorge für seine Kirche. 25—29 Reise nach Rom, wo er Weihnachten (971) die Messe liest und vom Papst Privilegien für seine Kirche erhält. Die päpstlichen Bullen 3762 für Mouzon und 3763 für das Archimonasterium S. Remigii sind beide auf Wunsch Adalberos ausgestellt, also zweifellos die von Richer gemeinten. Da sie am 23. April 972 ausgefertigt sind, scheint hier Handlung und Beurkundung nicht zusammen- III 22—67.

zufallen. Adalbero ist (Havet VIII 4) zurückgereist, ehe die Urkunde fertig war. Garamnus hat sie nach dem 23. April in Empfang genommen, und nach seiner Rückkehr ist im Mai 972, wie es Richer 30 erzählt, zu Notre Dame en Tardenois die Urkunde den Bischöfen zur Bestätigung vorgelegt. Dort unterzeichnete sie der Archidiacon Garamnus (Büdinger u. 119). III 30—42 Verhandlungen der Synode. III 43 Gerberts Ankunft in Gallien, die nach Havets und unserer Meinung im Mai 972 erfolgte, also bei streng chronologischer Ordnung zwischen cap. 29 und 30 zu erzählen wäre. Nun folgt 43—65 der zusammenhängende Bericht über Gerbert bis zu seiner Disputation in Gegenwart Ottos II. im Jahre 980. Cap. 66 enthält den verstümmelten Bericht über eine Synode in Fismes, und 67 setzt, 7 Jahre zurückgreifend, mit der Wahl Ottos des zweiten 973 wieder ein, der in Gerberts Geschichte von Richer schon erwähnt war. Die Folge davon ist, daß man lange Zeit den in cap. 57 genannten Kaiser für Otto I gehalten hat.

<table>
<tr><td>IV 12—24.
Belagerung von
Laon.</td><td></td></tr>
</table>

§ 19. IV 12 ist die Thronbesteigung Hugos, am 1. Juni 987, 13 die seines Sohnes Robert, am 25. Dec. 987 erzählt. IV 14 geht mit *interea* zu den Rüstungen Karls von Lothringen gegen Hugo über, die Hugo zur ersten Belagerung von Laon veranlassen, welche er im Spätherbst 987 (cap. 19), also vor der in 13 erzählten Krönung Roberts auflöst. 20 Gefangensetzung des Bischofs Adalbero von Laon und seine im Sommer 988 erfolgte Flucht. Cap. 21 *Interea* im Frühling 988 die zweite Belagerung, der die Belagerten im August 988 durch einen Ausfall ein Ende machen (cap. 23). Darauf mit richtigem Übergang *his ita gestis* in cap. 24 die Erkrankung des Erzbischofs Adalbero und sein Tod. In diesem Abschnitt ist das *interea* durchaus richtig gebraucht, wenn man es in 14 auf 12 und 13 zusammen bezieht, und in 21, wenn es auf die ganze Dauer der Gefangenschaft bezogen wird, aber der Leser hat stets den Eindruck, als müsse die in 14—19 beschriebene erste Belagerung nach Roberts Krönung begonnen sein, und zur Beseitigung der dann sich ergebenden Schwierigkeit sind die verschiedensten Versuche gemacht[9].

<table>
<tr><td>IV 51—79
Alter Roberts.</td><td></td></tr>
</table>

§ 20. IV 51—73 ist über die am 17. Juni 991 stattfindende Synode in Verzy berichtet; 74—78, mit dem Übergang *interea*, wie Odo Melun überfällt und Hugo es zurückerobert; 79, mit *nec multo post*, der Krieg zwischen Odo und Fulco, 80 während dessen (*interea*) sich Odo mit Hugo versöhnt; 81—86 mit *hac tempestate* aber, wie der Inhalt zeigt, nach dem cap. 79 beschriebenen Kriege, ein neuer Krieg zwischen Odo und Fulco. IV 87 Robert verstößt, *his ita sese habentibus* im Alter von 19 Jahren, seine viel ältere Frau Susanna. Diese verlangt ihre Burg Montreuil von ihm zurück, und nach vergeblichen Versuchen, sie wiederzugewinnen, baut sie gegenüber eine andre Burg, während Robert inzwischen in dem, cap. 79 und 81—86 erzählten, Kriege zwischen Odo und Fulco beschäftigt ist. Richer erschwert dem Leser die chronologische Feststellung sehr, aber sehen wir genau zu, so erfolgt die wohl frühestens 1 Jahr nach der Verstoßung geschehene Erbauung der Burg während des in cap. 79 erzählten Krieges zwischen Odo und Fulco, denn nur an diesem sind Hugo und Robert beteiligt, da sie sich nach ihm ausdrücklich mit Odo versöhnt hatten. Cap. 79 ist gleichzeitig mit der Synode in Verzy 991; Robert verstieß Susanna etwa ein Jahr vorher, also 990, und war damals 19 Jahr alt, somit 970/71 geboren. Das paßt buchstäblich genau zu Helgald bei Bouquet X 116, der ihn am 20. Juli 1031 als 60jährigen sterben läßt; denn auch Helgald setzt 970/71 als Zeit der Geburt voraus. Vergleichen wir Ottos III. Leben, so ist auch für Robert die Brautwerbung 988 (Brief 111) und die Krönung 25. Dez. 987 nicht ungewöhnlich früh.

§ 21. In den schlimmsten Ruf ist Richer aber ohne seine Schuld gekommen, weil Masson (vgl. § 4) die Überschrift von Brief 58 voreilig verändert hat. Erst durch Havets Ausgabe ist seine anschauliche Beschreibung der Belagerung von Verdun, die man schon als freche Erfindung brandmarkte, wieder zu Ehren gekommen (III 100—108), und die Erzählung vom Tode Lothars schließt sich direkt an sie an (109). Alles in allem ist Richer für Gerberts Geschichte eine vortreffliche Quelle, die dadurch um so wichtiger ist, daß seine eigne Handschrift sich in der Bamberger Bibliothek befindet. Ich halte mich deshalb für berechtigt, in Ermanglung besserer Nachrichten auch die auf Blatt 57 stehenden Nachträge der Gruppierung der Ereignisse zu Grunde zu legen. Da die Nachrichten Hugos von Flavigny (M. G. SS. VIII 288—502) mit denen Richers übereinstimmen, können wir auf diese abgeleitete Quelle ganz verzichten.

III 100 108.
Belagerung von
Verdun.

§ 22. Die andern gleichzeitigen Geschichtswerke sind größtenteils in den Monumenta Germaniae vereinigt. So sind benutzt aus den Scriptores (SS.) III 18 die Annalen von Hildesheim, Quedlinburg und Weissenburg, III 723 die Chronik Thietmars von Merseburg, welcher nach den Untersuchungen von Strzebitzki bis 997 (IV 20) die Quedlinburger Annalen benutzte, später aber größtenteils nach eigner Erinnerung und Anschauung schrieb. SS. IV 36 Gesta episcoporum Virdunensium und IV 658 Vita Adalberonis II episcopi Mettensis auctore Constantino abbate. Die Gesta erzählen ziemlich unklar (S. 46 unten) den Tod des Bischofs Wicfried und mit dem Übergang *tali denique pastore sublato* den Feldzug Lothars gegen Otto II., wobei Verdun belagert, aber nicht genommen wird. Dann folgt (S. 47) mit *factum est autem post haec* in c. 4 der Amtsantritt des Bischofs Hugo, während der genannte Feldzug in die Zeit Wicfrieds fallen muß. c. 5. Adalbero, der Sohn der Herzogin Beatrix, erhielt nach Hugos Scheiden das Bistum, doch zog er es nach der Erledigung von Metz vor, dorthin zu gehen. c. 6. Ihm folgte Adalbero II., der Sohn des Grafen Gottfried. „Vixit autem in episcopatu tribus semis annis." Von diesen Berichten steht der, daß Adalbero, Sohn der Beatrix, vorübergehend im Jahre 984 Bischof von Verdun gewesen ist, im Widerspruche mit der von Constantin verfaßten Vita. Allerdings ist das in cap. 2 der vita einfach verschwiegen, aber dieser von den Gesta naiv erzählte Zug des schnödesten Eigennutzes hätte wenig in den von Constantin geschriebenen Panegyricus gepaßt. Auch die Gründe, welche Wilmans S. 147 aus Gerberts Briefen gegen die Glaubwürdigkeit der Gesta hervorsuchte, fallen jetzt weg. Wider alles Erwarten paßt auch die Angabe, daß er nur 3½ Jahre in seinem Episcopat gelebt, zu der Wahl Ende 984 und seinem Tode 991; denn wir werden in § 66 sehen, daß seine Weihe erst nach mehrjährigem Warten vollzogen wurde. — SS. IV 581 die unter Gerberts Pontificat verfaßte ältere vita Adalberts von Prag. 616; ex vita Nili. 633; Epitaphium Adalheidae. 739; vita Heriberti. 754; vita Bernwardi. 846; ex vita S. Romualdi. Andere Namen sind in dieser Übersicht entbehrlich, auch haben die späteren mittelalterlichen Schriften, z. B. Wilhelm von Malmesbury, mehr Wert für die Sage, als für die Geschichte.

Gleichzeitige
Geschichts-
schreiber.

§ 23. Außer den Biographien in den Ausgaben von Olleris und Havet und in der Übersetzung von Barthélemy handeln über Gerbert ausschließlich: C. F. Hock, Gerbert oder Papst Sylvester II und sein Jahrhundert. Wien 1837. M. Büdinger, Über Gerberts wissenschaftliche und politische Stellung. Kassel 1851. K. Werner, Gerbert von Aurillac, die Kirche und Wissenschaft seiner Zeit. Wien 1878. Hauck in Herzogs Realencyclopädie. XIV 233—240.

Neuere
Litteratur.

b*

Außer diesen sind vielfach benutzt: C. v. Kalckstein, Geschichte des französischen Königtums unter den ersten Karolingern. I. Leipzig 1877. Roger Wilmans, Jahrbücher des Deutschen Reiches unter Otto III. Berlin 1840. W. v. Giesebrecht, Geschichte der deutschen Kaiserzeit. I⁵. Braunschweig 1881. Witte, Lothringen in der 2. Hälfte des 10. Jahrh. 1869. F. Gregorovius, Gesch. der Stadt Rom im M. A. III³ Stuttgart 1876. A. v. Reumont, Gesch. der Stadt Rom. II. 1867. Gfrörer. Allg. Kirchengeschichte. III. 1844. Gfrörer, Gregor VII. Bd. V. 1860, voll von den gehässigsten Übertreibungen, denen sich Sugenheim in seiner deutschen Geschichte teilweise anschließt. R. Baxmann, die Politik der Päpste von Gregor I. bis Gregor VII. Teil II. Elberfeld 1869. C. Höfler, die deutschen Päpste. 1837. W. Wattenbach, Deutschlands Geschichtsquellen im Mittelalter. 2 Bde. 1874. Wattenbach, Schriftwesen im Mittelalter. 1871. C. Prantl. Gesch. der Logik im Abendlande. II. Leipzig 1861, mit sehr ungünstigem und hartem Urteil. Ad. Ebert. Allgemeine Gesch. der Literatur des Mittelalters im Abendlande. III. Leipzig 1887. M. Cantor, Gesch. der Mathematik. I. 1880. F. A. Specht, Gesch. des Unterrichtswesens in Deutschland von den ältesten Zeiten bis zur Mitte des 13. Jahrh. Stuttgart 1885. S. Günther, Geschichte des mathematischen Unterrichts im deutschen Mittelalter bis zum Jahre 1525. Berlin 1887. (Bd. III. von Kehrbachs Mon. Germ. Paedagogica).

Bemerkung: Eingeklammerte Zahlen im Text bedeuten: 1 bis 220 Gerberts Briefe nach der Ausgabe von Havet, vgl. § 11. — 547 bis 1306 Regesten der Kaiserurkunden von Stumpf-Brentano, vgl. § 15. — 3746 bis 3940 Regesta pontificum in der zweiten Ausgabe, vgl. § 15. — III oder IV mit Zahl das Kapitel bei Richer, vgl. § 16. — Acta bedeutet Acta concilii Remensis, vgl. § 12. — EB. Erzbischof. B. Bischof.

II. Lehr- und Wanderjahre bis April 972.

Geburt. Aufnahme ins Kloster zu Aurillac.

§ 24. Gerbert (die Form Girbert ist ebenso gut bezeugt) wurde in der Zeit Ludwigs IV., des Überseeischen (936—954) in Aquitanien geboren. [10] Dem Namen nach gehörte dieses Land damals dem französischen Königsgeschlechte der Karolinger, doch hatten diese ihre Not, es in Gehorsam zu erhalten. So suchten viele Kriege das Land heim, und die Eltern des schwächlichen, aber hochbegabten Knaben mochten glauben, am besten für ihn zu sorgen, wenn sie ihn in das Benediktiner-Kloster zu Aurillac brächten. Eine Broncestatue auf dem Platze Gravier erinnert heute daran, daß der erste französische Papst hier seine Jugend verlebte. Die Eltern waren einfache Leute ohne irdische Güter, aber der Benediktinerorden stand dem Geringen ebenso gut offen, wie dem Vornehmen. Für den in der Leibeigenschaft Geborenen, wenn er begabt war, hatte er fürstliche Würden bereit, und „da die Laien die unbequeme Zumutung des Lernens wieder von sich abgeschüttelt hatten", ebnete er allein strebsamen Geistern den Weg zur Ausbildung. Auf jeden Fall bot er ein anständiges Unterkommen, und die Eltern konnten alle Erziehungssorgen getrost dem Kloster überlassen.

Erst als Gerbert im Jahre 983 Abt des reichen Klosters Bobbio geworden war, da kamen die lieben Verwandten mit Weib und Kind an und brachten ihn bei den mißtranischen Italienern in den Ruf, daß er selbst Frau und Kinder habe (11). Sollen wir uns da wundern, daß ihm die Liebe zu den Eltern, zu seiner Heimat fehlt, und daß er nach weiteren 22 Jahren schreibt (194), er erinnere sich noch des Aussehens seiner Verwandten, aber ihre Namen habe er vergessen? Sein Vater und seine Mutter hatten ihn verlassen, und nur die Kirche, die Mönche hatten sich des „anvertrauten" Kindes angenommen.

§ 25. Das Kloster war am Ende des 9. Jahrhunderts von Gerald (oder Gerold) zu Ehren der Heiligen Petrus und Clemens gegründet, erhielt aber, da sein Begründer im Rufe der Heiligkeit starb, von ihm den Namen St. Geroldskloster [1]). Von ihm hatte es Odo von Cluny († 942) zur Reform erhalten, der die strengen Regeln Benedikts über Kleidung, Speise und Gebetsübungen etwas milderte, aber ein streng sittliches Leben und unbedingten Gehorsam gegen den Abt verlangte. Wie viele Zöglinge mit Gerbert im Kloster erzogen wurden, hören wir nicht. Meistens waren ihrer in Cluniacenserklöstern nicht mehr als sechs; sie trugen bereits ein Mönchsgewand und hatten als wirkliche Glieder der Gemeinschaft an allen Gebeten der Mönche Teil zu nehmen. Als Erziehungsgrundsatz galt, daß jedes Versehen sofort streng bestraft wurde, und eine peinliche Aufsicht machte den innigeren Verkehr der Zöglinge unter einander ebenso unmöglich, wie ein näheres Verhältnis zu dem Erzieher.

Was so von diesen Klöstern im Allgemeinen gilt, muß sich in Aurillac in der mildesten Form gezeigt haben. Zu seinem Abte Gerald (der nicht mit dem Begründer des Klosters zu verwechseln ist) hat Gerbert stets mit dankbarer Verehrung emporgesehen, und nach dessen Tode im Jahre 986 ist es ihm, als sei ein Teil seiner selbst gestorben (91). Auch die Liebe zu seinem Lehrer Raimund, der später Geralds Nachfolger wurde, hat er bis an sein Ende bewahrt, und eines Bruders Ayrard gedenkt er oft in seinen Briefen [*]). Das Kloster, welches ihn erzogen und gebildet hat (15), die Zeit, wo er dort, dem Weltgetriebe fern, nur den Wissenschaften lebte, ist in späteren Tagen oft der Gegenstand seiner Sehnsucht gewesen.

§ 26. Dem Elementar-Unterricht im Lesen und Schreiben, Singen und Rechnen gesellt sich bald das Latein, das nach kurzer Zeit die Sprache des täglichen Verkehrs wird. Schneidige Lehrer, wie Othrik und Ekkehard II., dulden deutsche Ausdrücke nur bei den allerkleinsten Schülern, und auch diese müssen mit einem „Domine mi" den schlagenden Lehrer um Erbarmen anflehen. Außer den Anfangsgründen lernte man in einem kleinen Kloster von dem, was zur allgemeinen Bildung im weitesten Sinne gehört, nur die Grammatik; sie ist die Königin der freien Künste, die mit dem Messer in der Rechten, der Geissel in der Linken unter dem Baume der Erkenntnis ruht. „Hier findet," wie Honorius sagt, „der menschliche Geist die erste Rast auf der Wanderschaft nach seiner wahren Heimat, der Weisheit. [1]) In dieser Stadt lehren Donat und Priscian (die Verfasser der gebräuchlichsten Lehrbücher) den Wanderer die fremde Sprache und ihre Regeln." Möglichst bald beginnt der Lehrer dann einen Schriftsteller zu lesen, wobei ängstliche Gemüter aus religiöser Scheu die alten Heiden verschmähen und den weniger interessanten, aber christlichen Dichtern Juvencus, Sedulius und Prudentius den Vorzug geben. Aus dem späteren Verkehr Gerberts mit seinem Lehrer dürfen wir wohl schliessen, daß Raimund, wie Gerbert selbst, den alten Römern nicht abhold war.

Bei diesen Beschäftigungen war Gerbert herangereift, er war Mönch geworden und vielleicht auch selbst schon als Lehrer im eignen Kloster thätig gewesen. Die Liebe zu den

Alten hatte seinen Geist geschärft, seinen Stil gebildet, aber Gerald, Raimund und am meisten wohl er selbst fühlten es, er mußte aus dem engen Kreise heraus, andre Lehrer und die Welt mußten auf ihn wirken. Der Orden gestattete wißbegierigen Gelehrten gern Reisen zu ihrer Ausbildung, und von allen Brüdern in Aurillac war Gerbert am fähigsten, von ihm war am meisten vorauszusetzen, daß er im Auslande seine Kenntnisse mehren und durch sie dem Kloster und dem Orden nützen würde [14]). Da bot sich ihm ungesucht die Gelegenheit in die spanische Mark zu kommen.

Markgraf Borell. § 27. Dort hatte sich Graf Borell (Borrell), der Sohn des Grafen Suniar von Urgel, seit 956 den Titel „Markgraf" beigelegt und, als sein Vetter, der Graf Seniofred von Barcelona, 967 kinderlos starb, dessen beide Brüder bei seite gedrängt und sich zum Nachfolger des Verstorbenen gemacht. [15]) Unter diesen Verhältnissen hatte er das Bedürfnis, sich durch Anschluß an das Westfrankenreich zu sichern, dessen Könige er auch i. J. 986 und 988 gegen die Araber zu Hülfe rief (70. 112). Zu diesem Zwecke reist Borell 967 oder 968 nach Frankreich zum König Lothar und kehrt auf dem Rückwege im Kloster Aurillac ein, um bei den Gebeinen des Heiligen zu beten. Er erzählte dem Abte, daß es in der spanischen Mark Lehrer gäbe, die das ganze Gebiet der freien Künste, d. h. auch die 4 mathematischen Wissenschaften, beherrschten (III. 43). Hierin wünschte sich Gerbert weiter auszubilden und zog, von den Segenswünschen des Abtes und der Brüder begleitet, mit Borell in dessen Heimat.

Reise nach Spanien. Im Gefolge des hohen Herrn verlief seine erste Ausfahrt wohl weniger abenteuerlich, als die seines Schülers Richer (IV 50), der zum Studium der Medicin 991 aus dem Reimser Kloster nach Chartres reiste. Ohne einen Heller in der Tasche, ohne einen zweiten Rock, auf die Mildthätigkeit der andern Klöster angewiesen, zog Richer mit einem Reitersmann und einem Knaben in die Welt. Nur einen alten, störrischen Gaul hatte ihm sein Abt Arbod mitgegeben, der als Bucephalus sein Tagewerk begann, bald langsamer dahin schlich als ein Esel und schließlich, durch die Mühen der Irrfahrt erschöpft, 6 Millien von der Herberge verendete. Auch Gerbert durfte nach der 39. Regel Benedikts keinen eigenen Besitz haben, „überhaupt keine Sache, weder ein Buch, noch Schreibtafeln, noch einen Griffel, sondern überhaupt nichts." Doch brauchte er unter der Obhut des mächtigen Grafen für sein Weiterkommen nicht zu sorgen; der geleitete ihn sicher nach Spanien, wo der Bischof Hatto (auch Otho genannt) von Vich ihn in den 4 mathematischen Fächern unterrichten ließ. [16])

Mathematik. § 28. Während man sich sonst im christlichen Abendlande wenig mit der Mathematik, Musik und Astronomie beschäftigte (III 44. 49), hatte man in der spanischen Mark, wohl wegen der Nähe der Araber, einiges Interesse für diese Wissenschaften bewahrt. Zwar ist der Gegensatz zwischen Christen und Muhamedanern so groß, daß an einen regen Verkehr mit den Arabern oder gar an eine Studienreise Gerberts zu ihnen gar nicht zu denken ist. Doch lernte Gerbert in Vich wenigstens einen Teil dessen kennen, was bereits die Römer gekannt hatten. Er bekam hier das Beste, was der Unterricht bieten kann, Anregung und die nötigsten Vorkenntnisse zum Fortarbeiten; aber auch die positiven, gewiß recht dürftigen Kenntnisse, die er aus der spanischen Mark mitbrachte, waren nach damaligen Begriffen so groß, daß sie bei seinem Aufenthalt in Rom die Aufmerksamkeit des Papstes erregten. Im Jahre 984 sucht er aus Spanien 2 Werke zu erhalten, das Lehrbuch „des weisen Spaniers Joseph" über Multiplizieren und Dividieren, und ein von Lupitus übersetztes (arabisches?) Buch über Astronomie (17. 24. 25.).

§ 29. Auch sonst dürfen wir den Einfluß seiner neuen Umgebung, besonders Hattos, nicht gering anschlagen. Bisher hatte er daheim im stillen Kloster „den Wechsel des Geschickes, Schmerz und Furcht, Freude und Begierde" nicht gekannt (45). Hatto, dessen Schutz und Unterweisung er nun anvertraut ist, war ein unruhiger, rastlos weiter strebender Geist [1]. Schon vor 960 zum Bischof des kleinen Vich gewählt, erhält er 968 durch Borells Gunst eine in der Nähe gelegene Burg geschenkt. Zwei Jahre später ist er der vornehmste Geistliche der spanischen Mark, denn nach der Eroberung der erzbischöflichen Stadt Tarragona durch die Saracenen begab er sich mit dem Markgrafen Borell nach Rom, wo im Januar 971 Papst Johann XIII auf beider Wunsch Vich zum Erzbistum und seinen Bischof Otho (Hatto) zum Erzbischof macht (3746). Am selben Tage erteilt er Hatto das Pallium (3747) und fordert die Bischöfe von Urgel, Barcelona und Elena zum Gehorsam gegen ihn auf (3748). Die Kirche von Tarragona wird Hatto untergeordnet (3749), der Bischof Miro von Gerona wird abgesetzt (3750), und auch dieses Bistum wird Hatto übertragen. Die Urkunden beweisen, daß Hatto mit Borell im Januar 971 in Rom war, und aus Richer wissen wir, daß Gerbert sie begleitete. Wir sehen, die Beiden hatten sich nicht ausschließlich des Gebets wegen auf die weite Reise begeben, und es ist wohl auch kein Zufall, daß Richer hier von Geschenken an den Papst erzählt, während er 972 bei der Reise seines eignen Erzbischofs von solchen kein Wort sagt (III 25, 26,). Die Geschenke müssen bei Hattos Besuch eine große Rolle gespielt haben, und schlecht war das Geld nicht angelegt, wenn es dem Bischof von Vich außer dem erzbischöflichen Pallium noch die Verwaltung und die Einkünfte eines zweiten Bistums und des Sprengels von Tarragona eintrug.

Hattos Reise nach Rom. 970.

Mit diesen beiden Leuten also macht Gerbert Ende 970 sich nach Rom auf; an ihren Vorbereitungen, an ihren Gesprächen nimmt er Teil. Da sieht er, daß die Wahl des geistlichen Standes nicht das aus der Menschenbrust verbannt, was dem Abt Gerald so ganz zu fehlen schien, die Freuden und Begierden dieser Welt (45). Seinen Ansprüchen hatten bis dahin die Ruhe des Klosters, die Hingabe an die Wissenschaft, der Beruf des Lehrers genügt. Bischof Hatto zeigt ihm, wie man es mit denselben Vorkenntnissen, ohne schlecht zu sein, in der Welt weit bringen könne, und er möchte sich überlegen, ob Raimund oder Hatto sein Vorbild sein sollte. Hatto selbst sollte nicht mehr lange leben, denn am 22. August fiel er durch Mörderhand, und seinen Nachfolgern in Vich wurde das von ihm Erworbene wieder genommen (3794). Sein schneller Tod erklärt es auch, daß Gerberts Beziehungen zur spanischen Mark nicht lange fortdauern. Nur 984 schreibt er in eigner Sache Briefe nach Barcelona und Gerona (17. 24. 25.), und den ihm nach Ottos II. Tode erteilten Rat, aus den Kämpfen in Reims zu den „Fürsten Spaniens" zu gehen, erwähnt er wohl, macht aber nicht daran, ihn zu befolgen (45. 72.).

Hattos Einfluß. Sein Tod.

§ 30. Papst Johann XIII (Okt. 965 bis 2. Sept. 972) hörte von dem Eifer und den mathematischen Kenntnissen unseres Gerbert. Er kannte das Bestreben Ottos I., Gelehrte an seinen Hof und in sein Land zu ziehen, und da der Kaiser damals in Ober-Italien war, machte er ihn brieflich auf Gerbert aufmerksam. Nach des Kaisers Wunsch bleibt dieser bei Hattos Abreise in Italien und geht an den kaiserlichen Hof, um dort in der Schule Mathematik zu lehren. Auch der Thronfolger hörte öfters seinen Vorträgen zu (II 56). Im J. 972 am Sonntag nach Ostern hatte sich die ganze kaiserliche Familie in Rom eingefunden (568), um der Vermählung Ottos II. mit der byzantinischen Kaisertochter Theophano und ihrer Einsegnung in der Peterskirche beizuwohnen, und um diese Zeit, — wir wissen nicht, ob offiziell zu dieser Feier — kam der Reimser Archidiaconus Garamnus [14] als Gesandter des Königs Lothar zum Kaiser.

Am Hofe Ottos I. 971 bis April 972.

Er galt als hervorragender Philosoph, und Gerbert trug Otto den Wunsch vor, er möge ihm erlauben, Garamnus nach Reims zu begleiten und sich von ihm in der Philosophie unterrichten zu lassen. Hatte der Kaiser Hatto und Borell das Versprechen gegeben, ihn nach einiger Zeit mit Ehren ziehen zu lassen, so schien jetzt der rechte Augenblick für den Abschied gekommen. Während die beiden Kaiser sich zur Heimreise nach Deutschland anschicken, verläßt Gerbert nach dem 23. April Rom und trifft im Mai 972 mit Garamnus in Reims ein. Sein erster Aufenthalt am Kaiserhofe hat wenig mehr als ein Jahr gedauert, und doch ist er für sein späteres Leben bestimmend geworden, denn er weckte in ihm den Wunsch, als Staatsmann im Dienste des Kaisers Größeres zu erreichen.

III. Lehrthätigkeit in Reims. Mai 972 bis Ende 982.

§ 31. Auch in Reims war er dem Einfluß des Kaisers nicht entrückt, denn dessen 965 gestorbener Bruder Brun hatte es verstanden, über Lothringen hinaus, recht im eigentlichen Frankreich, ergebene Leute zu Erzbischöfen von Reims zu machen. Deshalb setzte er 962 die Wahl Odelrichs [1]), 969 die Adalberos durch, dessen Familie dem Kaiserhause verwandt und treu ergeben war. Adalberos älterer Bruder, der Graf Gotfried von Verdun, war 978 und 984 einer der thätigsten Vorkämpfer der deutschen Sache. Von kleinen Raubzügen abgesehen, herrschte in den ersten Jahren Adalberos in den deutsch-französischen Grenzlanden eine wohlthuende Ruhe, und der Erzbischof benutzte sie zu Bauten und Besserungen aller Art, besonders suchte er nach dem Vorgang des Klosters Gorze bei Metz die Klöster seines eignen Sprengels zu reformieren. Auch unter den Weltgeistlichen hatten sich allerlei Mißstände eingeschlichen, weshalb er die Kanoniker anwies, gemeinsam zu wohnen und zu speisen, und vor allem suchte er durch guten Unterricht die ganze Geistlichkeit zu heben (III 24, 42).

§ 32. Unter diesen Verhältnissen kommt Gerbert in Begleitung Garamnus' nach Reims, ein gereifter Mann, aber zunächst noch um sich selbst weiter zu bilden. Raimund hatte ihn durch Borell an Hatto, der Papst ihn an Otto I., dieser wieder an Garamnus übergeben. Gerberts eigner Wille hielt ihn mit festen Banden an dem Orden fest, und der Wunsch, mit dem Kloster Aurillac in Zusammenhang zu bleiben, findet oft in seinen Briefen Ausdruck. Sein Reisebegleiter hatte das wichtige Amt eines Archidiakonus und konnte bei vielen Berufsarbeiten schwerlich viel Zeit auf das Lehren der Philosophie und das Erlernen der Musik verwenden. Doch machte Gerbert unter seiner Leitung schnell große Fortschritte in der Logik, während er selbst den Archidiakonus in den mathematischen Fächern unterwies, bis diesem die Musik zu schwer wurde und er davon Abstand nahm. So wenigstens erzählt Richer (III 45), der von der mathesis mit geheimem Grauen und wenig Verständnis spricht und der hier mit Befriedigung die Überlegenheit seines Lehrers über den so berühmten, aber vielleicht mit Amtsgeschäften überladenen Garamnus berichtet.

§ 33. Gerbert hat sich bis 972 das zu eigen gemacht, was man damals, wie in den letzten Zeiten des römischen Reiches, als den Inbegriff aller Bildung betrachtete und unter dem Namen der 7 freien Künste zusammenfaßte. Er hatte sich, lernend und lehrend, die Kenntnisse angeeignet, welche die Mitlebenden ihn lehren konnten, doch über die Zeitgenossen erhob ihn der feste Wille, über den Anforderungen des Lehrerberufs nicht die weitere Ausbildung zu versäumen. Dieser führt ihn zu den Schätzen der römischen Litteratur, aus der, wenn wir von der Theologie und dem Kirchenrecht absehen, alle seine Kenntnisse geschöpft sind. Nur wenige ahnten, welche Fülle des Wissens in den toten Büchern schlummerte, die fast vergessen und selten gelesen, in den dürftig ausgestatteten Bibliotheken der Klöster lagen, und deshalb konnten bald nachher die Gerüchte Glauben finden, daß er seine Weisheit nicht nur den Muhamedanern, nein, den Mächten der Hölle selbst verdanke. Er lernt an den klaren Fluten Ciceros (167) seine Seele zu laben, er lernt von ihm die Kunst und die Kraft der Rede, die seine Zunge und seine Feder gesucht und gefürchtet machte.

§ 34. Man sollte erwarten, er hätte als Benediktinermönch in dem von Adalbero Der Stiftslehrer in Reims. besonders begünstigten Kloster S. Remigii (3763. III 26) vor der Stadt Reims, in welchem die Gebeine des Heiligen selbst beigesetzt waren, ein Unterkommen gesucht. Doch scheint er, wie Garamnus selbst, in dem gemeinsamen Hause der Weltgeistlichen (III 24) Aufnahme gefunden zu haben. Bald überträgt ihm der Erzbischof, seines umfangreichen Wissens halber, den Unterricht in der Schule. Wenn er den Titel Scholastikus annahm, [20]) so heißt das, er übernahm den wissenschaftlichen Unterricht an der Domschule, soweit es seine Kraft und Zeit erlaubte, während er andern Lehrern die übrigen Gegenstände überließ. Sein unmittelbarer Vorgesetzter ist der Erzbischof Adalbero, in dessen Namen er später, als er nicht mehr allein Scholastikus war, den Lehrer und Schüler (? 56. 64. 189) betreffenden Briefwechsel besorgt [21]). Die Schule ist keine Klosterschule, wie die von Aurillac, sondern sie gehört zum Domstift von Reims; als Scholastikus derselben bezog er vermutlich besondere Einkünfte, die es ihm ermöglichten, einen eignen Besitz (121 ? 178) zu erwerben und zu genießen. [22])

§ 35. Es ist wohl zu verstehen, daß bei einem Manne, dem der Ruf fremdländischer Schüler und Lehrer. Bildung voranging und der demselben Ehre machte, sich eine Menge von Schülern einfand. Leider macht Richer keine bestimmte Angabe, sondern er sagt unbestimmt, daß i. J. 980 die Zahl der Schüler täglich wuchs (III 45. 55). Außer den Mönchen von Reims, zu denen Richer gehörte, und denen, welche fremde Klöster dorthin sandten, kamen auch Laien zu ihm, die eine über das Gewöhnliche hinausgehende Bildung wünschten. Freilich ist kein anderer Fall bekannt, als daß Hugo Capets Frau ihren Sohn Robert, der später König wurde, in die Reimser Schule sandte, wo er Gerberts Unterricht genoß, vermutlich in der letzten Zeit seines ersten Aufenthalts. [23]) Noch in seinem Abschiedsbriefe an die Königin Adelheid schreibt Gerbert an sie i. J. 997 (181), er erinnere sich noch an das helle Auge, das fröhliche Aussehen Roberts und an die gewohnten Gespräche. Eindrücke, wie sie zu einem Verkehr mit einem frischen, 12 jährigen Jungen aus hoher Familie sehr gut passen. Vor allem strömten ihm junge Geistliche zu, die in sich die Gaben zu höheren Ämtern spürten und sie unter Gerberts Leitung zu entwickeln hofften. Eine lange Liste von Bischöfen, Äbten und Gelehrten, die aus seiner Schule hervorgingen, hat Hock S. 151 f. und nach ihm Olleris aufgestellt. Auf eine Prüfung der Berechtigung jedes einzelnen will ich hier verzichten.

Sprechende Zeugen seines Interesses für Lehrer und Schüler der Reimser Schule sind einige Briefe aus viel späterer Zeit. In einem derselben, aus den Jahren 995—997, ist nicht zu unterscheiden, ob es sich um einen Lehrer oder einen Schüler handelt (200). Als unschätzbares Gut vertraut er dem Bischof von Beauvais seinen geliebten D. an: „Nehmet ihn also hin, der in der Wissenschaft unterrichtet, in Kunst und Handwerk erfahren ist, für dessen Besitz viele viel Geld geboten haben, der aber doch der unsere geworden ist. Behandelt ihn so, dass er ob eurer Güte den Schmerz über die Trennung von uns vergesse." Im J. 990 erwähnt er mehrfach seinen geliebten Sohn Aquila (173. 177). Der in Adalberos Briefen (56, 64? 68?) erwähnte Mönch Gauzbert scheint in Reims vorübergehend als Lehrer thätig gewesen zu sein. Die tüchtigsten Lehrer der nächsten Zeit nennen sich Gerberts Schüler. Im Jahre 986 (92) empfiehlt er selbst den Scholastikus Constantin von Fleury, später Abt von Micy, zur Auskunft in wissenschaftlichen Fragen, wenn seine eignen Kräfte nicht ausreichten; er sei ein trefflicher Lehrer, ausgezeichnet unterichtet und mit ihm durch enge Freundschaft verbunden. Auf dessen Wunsch verfaßt er als Lehrer das Lehrbuch über Division, als Papst eine kleine Schrift über die Sphäre, und ihm überließ er wahrscheinlich seine Werke zu der Abschrift, die uns in L vorliegt.

Trivium und Quadrivium.

§ 36. Gerberts Schüler Richer (III 46—54) bietet über den Unterricht, an dem er selbst teilgenommen hat, einen zusammenhängenden Bericht, mit dessen Besprechung ich hier das vereinige, was uns aus den später entstandenen Schriften Gerberts bekannt wird. Er selbst hatte weit reisen müssen, um einen gründlichen Unterricht in allen Fächern zu bekommen, die er an seiner Schule lehrte. Es war etwas Besonderes, daß er den Unterricht in allen „sieben freien Künsten" mit einer gewissen Gründlichkeit wieder einführte und sich persönlich der Disciplinen annahm, deren Verständnis fast ganz verloren gegangen war.

Unter der Überschrift „Die Hochzeit der Philologie und des Merkur" hatte Martianus Capella im 5. Jahrh. ein Werk über die sieben freien Künste verfaßt, in denen der Gebildete oder Gelehrte bewandert sein soll: 1) die drei sprachlichen Fächer Grammatik, Rhetorik und Dialektik (Rhetorik und Dialektik faßt Richer III 48 wie Isidor und Alcuin unter dem Namen Logik zusammen), welche man zusammen als Trivium bezeichnete, 2) die 4 mathematisch-naturwissenschaftlichen Fächer (III 49 in mathematicis, III 45. 48 mathesis) Arithmetik, Geometrie, Astronomie und Musik, welche zusammen Quadrivium heißen. Soweit die mittelalterliche Geistlichkeit jeden Unterricht als Vorbereitung auf den praktischen Kirchendienst und im besten Falle auf ein volles Verständnis der heiligen Schrift betrachtete, begnügte sie sich mit einem dürftigen Überblick, der das für ihre Zwecke Unerläßliche enthielt; höher strebende Geister, wie Gerbert, bringen den Gegenständen ihres Unterrichts auch wissenschaftliche Teilnahme entgegen. Über die Reihenfolge der sieben von Richer skizzierten Lehrfächer will ich nicht rechten; sie weicht ja von der bei Martianus etwas ab, aber wie auf unseren Schulen werden nach Erlernung der Elemente die meisten von ihnen neben einander, nicht nach einander getrieben sein.

Elementargrammatik.

§ 37. Von den drei sprachlichen Fächern nennt Richer die Grammatik, d. h. den grammatischen Elementarunterricht nicht, denn diese Vorbereitung auf die übrigen Fächer war einem andern Lehrer überlassen (§ 26), und der tägliche Gebrauch in der Schule und in der Unterhaltung sorgte dafür, daß das früh aus Donat und Priscian Gelernte nicht wieder vergessen wurde. Für den Klerus, der auf den Synoden teils die Landessprache, teils das Lateinische spricht, gilt letzteres als lebende Sprache, die sich im Satzbau frei weiter entwickelt und ein *quod, quia* oder *ut* statt des *acc. c. infinitivo*, ein *metuo* mit *acc. c. inf. fut.* sich ohne Bedenken erlaubt. Wer aber, wie Gunzo von Novara sich durch die Vulgärsprache verleiten ließ, einen Accusativ statt des Ablativs zu setzen, brauchte für Spott und Hohn nicht zu sorgen. Diese grammatischen Studien erstrecken sich nur auf das Lateinische, wenigstens beschränken sich Gerberts griechische Kenntnisse darauf, daß er einige Schriftzeichen lesen kann (169).

Dialektik.

§ 38. Die Dialektik soll den Verstand schulen und zur Schlagfertigkeit im Disputieren heranbilden; deshalb widmet ihr Gerbert persönlich den meisten Eifer. Er las mit seinen Schülern 1. die Einleitung des Porphyrius zu den Kategorien des Aristoteles nach der Übersetzung des Victorinus und mit den Erklärungen von Boethius. 2. die aristotelischen Schriften über die Kategorien und de interpretatione in der Übersetzung des Boethius. 3. Ciceros Topica, eine Erläuterung (nicht Übersetzung III 46) der Topik des Aristoteles und die Erklärung des Boethius in 6 Büchern. 4. außerdem von Boethius: de differentiis topicis, 4 B., de syllogismis categoricis, 2 B., de syllogismis hypotheticis, 2 B. (Richer nennt 3), endlich de definitione und de divisione, je 1 B. Diese Dialektik beschäftigt sich also nur mit der Logik; die Psychologie, Methaphysik und Ethik als solche liegen nicht im Bereiche dieser Studien.

Libellus de rationali et ratione uti.

Dem Gebiet der Logik gehört die einzige, rein philosophische Schrift an, welche Gerbert im Winter 997/98 auf Anregung Ottos III. verfaßte und ihm widmete. Sie schließt sich, wie sein ganzer Unterricht, eng an Boethius (in Porphyrii librum V) an und zeigt, warum man von dem vernünftigen Wesen den Vernunftgebrauch als Prädikat aussagen könne, während doch der Prädikatsbegriff immer höher und umfassender sein müsse, als der des Subjekts. Eine Frage, die wir jetzt als höchst müßig bezeichnen können, ohne sie und die Antwort darauf so hart zu beurteilen, wie Prantl II 55.

§ 39. Bei dem Übergange von der in bündiger Kürze argumentierenden Dialektik zur Rhetorik, die sich in wortreicher Darstellung ausbreiten soll, erwies sich die **Weiterführung des grammatischen Unterrichts** an der Hand einer umfangreichen Lektüre als nötig. Es fällt uns auf, daß fast ausschließlich Dichter zu diesem Zwecke gelesen werden — Vergil, Statius, Terenz, Juvenal, Persius, Horaz und Lucan nennt Richer —, während von den Prosaikern höchstens einmal Boethius de consolatione philosophiae genannt wird. Dies erklärt sich daraus, daß die Prosa mit der Dialektik und Rhetorik verbunden wird. Da die Redewendungen der Dichter eingeprägt werden und diese selbst als Muster des guten Ausdrucks gelten, so bekommt die Sprache vielfach eine Vergilische Färbung, die in Gerberts Briefen auch durch 14 (in Havet's Index zusammengestellte) Citate aus Vergil verstärkt wird. Beim grammatischen Unterricht werden schriftliche Übungen in Prosa und Poesie gemacht, von denen letztere allerdings nicht unerläßlich sind. Wenigstens schreibt Otto III. (186), der sich gewiß einer gründlichen Schulbildung rühmen konnte.

Lesen der Dichter.

„Verse hab' ich nie gedichtet,
Nie den Geist darauf gerichtet." (Giesebrecht.)

Für Grabschriften und Inschriften hat Gerbert schlecht und recht seine Verse gemacht (75, 78, 90) und soll zuletzt scherzend sein Aufsteigen von Reims über Ravenna nach Rom in dem Verse:

Scandit ab R(emis) Girbertus in R(avennam), post papa viget R(omae).
(Helgald b. Bouquet X 99.)

ausgesprochen haben, aber er hat wohl selbst gefühlt, daß es ihm an dichterischer Begabung fehle.

§ 40. Da das bloße Lesen und Hören guter Schriftsteller nicht ausreicht, macht die Rhetorik im Zusammenhange mit den Regeln einer schönen Darstellung bekannt. Die von den Alten aufgestellten Regeln der Redekunst soll sich der Schüler so zu eigen machen, daß die nach ihren Gesetzen angelegte Rede einen ungezwungenen und natürlichen Eindruck macht (III 48). Seine beim Unterricht gesammelten Erfahrungen benutzte Gerbert im Herbst 986 bei der Ausarbeitung von 2 großen Tabellen aus je 13 an einander genähten Pergamentblättern (92). Mit ihrer Hülfe ließen sich die schwierigsten Regeln leicht fassen und dem Gedächtnis ein-

Rhetorik.

prägen. Die praktischen Übungen in der Rhetorik überließ er, wie früher den Elementar-Unterricht in der Grammatik, einem andern Lehrer, den Richer (III 48) sophista nennt, und sein späterer Briefwechsel beweist, wie viel Wert er und sein Erzbischof darauf legte, tüchtige Kräfte heranzuziehen und festzuhalten (§ 35). Seine Briefe und Schriften zeigen ihn selbst als trefflichen Stilisten; die Rede auf dem Concil in Mouzon hat er vorher ausgearbeitet und, da sie mit urkundlichem Beweismaterial ausgestattet ist, abgelesen oder wenigstens gleich nachher dem Legaten Leo schriftlich überreicht. Sonst war er ein Meister im freien Disputieren und hatte 980 Gelegenheit, das vor aller Welt zu zeigen.

§ 41. Sein Ruf war nämlich zu Othrik gedrungen, der um dieselbe Zeit die Magdeburger Domschule zu hoher Blüte gebracht hatte [20]. Um Gerberts vielgerühmte Unterrichtsweise kennen zu lernen, schickt er einen jungen Sachsen nach Reims, der ihm genau Bericht erstatten soll. Nun hatte Gerbert in seinem Schema (figura), wie es auch Boethius thut, die Physik (phisica naturalis), die Mathematik (mathematica intelligibilis) und die Metaphysik (theologia intelligibilis) als gleichberechtigte Unterabteilungen der theoretischen Philosophie bezeichnet (par atque coaeva; aequaevas eidem generi subesse). Sein Zuhörer aber ordnet, aus Unverstand oder aus bösem Willen, die Physik der Mathematik unter, statt sie ihr beizuordnen. In dieser Gestalt kommt die Einteilung in die Hände Othriks, der den Fehler bemerkte und sich zu der Behauptung verstieg, Gerbert verstehe gar nichts von Philosophie und sei überhaupt nicht fähig, sie zu treiben. Nachher kam Othrik, mit seinem Erzbischof Gisiler verfeindet, an Ottos II. Hof und hielt auch vor ihm sein absprechendes Urteil über Gerbert nicht zurück. Im nächsten Jahre, 980, finden sich Adalbero von Reims und Gerbert an Ottos Hoflager in Ravenna ein, und hier veranlaßt der Kaiser, der sich Gerberts von früher her noch wohl erinnert, die beiden Gegner, ihren Wortstreit auszufechten. Gerbert ist überrascht, Othrik wohl vorbereitet, und doch hat ersterer ihm nichts nachgegeben und auf alle Einwände schlagfertig erwidert. Uns kommen jetzt die Fragen, die man damals für wissenschaftlich hielt, recht nichtig vor, doch wollen wir uns erinnern, daß auch die Leipziger Disputation jetzt kaum noch ein so aufmerksames Laienpublikum finden würde, wie im Jahre 1519. Zu Ravenna hörte der Hof „fast einen ganzen Tag" den spitzfindigen Untersuchungen zu, bis die Zuhörer ermüdet waren und der Kaiser der Sache ein Ende machte.

§ 42. Mochte Gerbert in den 3 sprachlichen Fächern des Trivium mehr erreichen, als die meisten Lehrer seiner Zeit, so erregte doch die größte Bewunderung die Art, wie er die vier mathematisch-naturwissenschaftlichen Fächer, Arithmetik, Musik, Astronomie und Geometrie, betrieb. Hier ist er ebenso gut der forschende Gelehrte wie der praktische Lehrer. Freilich hat man sich die Thätigkeit des Gelehrten nicht als Weiterbildung, sondern als ein mühsames und höchst unvollkommenes Aneignen des von den Alten überlieferten Lernstoffes vorzustellen [23], und der Lehrer Gerbert konnte, wie seine Nachfolger im 19. Jahrhundert, so manches nicht allen, sondern nur den fähigen Schülern verständlich machen (imprimis dispositis accommodavit).

§ 43. Das Rechnen, soweit es nicht im Elementarunterricht gelehrt war, umfaßt er mit unter dem Namen Geometrie [26], denn die beim Rechnen benutzte Rechentafel (abacus oder abacus computi) fand zugleich als geometrisches Zeichenbrett Verwendung und heißt in der Geometrie, welche den Namen des Boethius trägt, direkt „der geometrische Tisch (geometricalis mensa)." Das erste von den 4 Fächern, die Arithmetik, ist die Lehre von den Eigenschaften der Zahlen, wie sie in der an Otto III. übersandten Schrift von Boethius, de institutione arith-

— 21 —

metica, schwer verständlich vorgetragen ist. Auf sie deutet Gerbert in dem Briefe an
Otto III. hin, wenn er sagt, der Kaiser wisse, daß die Zahlen die Anfänge aller Dinge enthalten
oder aus sich hervorgehen lassen (187).

Auch über den zweiten Teil, die Musik [25], giebt Richer nur kurze Nachricht. Es
handelt sich in diesen Stunden auf der höheren Schule nicht um die eigentlichen Gesang-
stunden, überhaupt nicht um eine Kunst, zu welcher Talent nötig ist, sondern um das Ein-
prägen musikalischer Lehrsätze, zu deren Erklärung das Monochord benutzt wurde. An dieser
auf ein Brett gespannten Saite konnte man mittelst eines beweglichen Steges je nach der
größeren oder geringeren Länge der Saite die verschiedenen Töne zu Gehör bringen. Boethius
(institutio musica, IV 1—11) hat ausführlich darüber gesprochen. „Auf dem Monochord gab
Gerbert die verschiedenen Töne an, zeigte ihre Konsonanz oder Harmonie in Tönen, Doppel-
tönen, Halbtönen oder Vierteltönen, setzte nach den Regeln der Kunst die Töne zu Akkorden
zusammen und lehrte so die vollkommenste Kenntnis der Musik (III 49).“ Musikalische
Begabung in unserem Sinne erforderte dies Studium der Musik nicht, doch war sie für Gerberts
eigenen Lehrer Garamnus der schwierigste Teil des ganzen Quadriviums, weshalb er auf das
völlige Erlernen verzichtete. Gerbert selbst ist hier nicht bloß Theoretiker. Seinem praktischen
Blick entgingen bei seinem zweiten Aufenthalt in Italien die Vorzüge einer Orgel, die den
Kirchengesang begleiten konnte, keineswegs. Eine solche stellt er dem Abt Gerald von Aurillac in
Aussicht, aber bei seiner eiligen Abreise von Bobbio konnte er sie nicht mitnehmen. Auch 986
kann er den Zeitpunkt für ihre Zusendung noch nicht bestimmen (70, 91), und 989, nach
Adalberos Tode, steht die fragliche Orgel noch in Italien (163). Da er selbst sehr beschäftigt
ist, verspricht er, seinen Freund Constantin zur Abfassung eines Lehrbuches oder Briefes über
Musik und Orgelspiel zu veranlassen (92).

§ 44. Was Gerbert bereits bei seinem ersten Aufenthalt in Reims von der Astronomie
verstand und lehrte, muß dahin gestellt bleiben, denn seine Apparate beschreibt Richer (III 50—53)
nicht aus blasser Erinnerung, sondern unter dem frischen Eindruck des Augenscheins. Wir
können annehmen und wissen sogar bestimmt, daß Gerbert auf diesem Gebiete später noch
zugelernt hat. Im Juni 983 schreibt er an Adalbero, er habe nach seiner Abreise von Reims
8 Bücher, darunter die Astrologie des Boethius gefunden [26]. Im Jahre 988 wünscht er das
in Bobbio zurückgelassene Buch in Reims zu haben und bittet den Mönch Rainard, es auf
seine Kosten abschreiben zu lassen (130). Ferner schreibt er 984 um die Übersetzung eines
Buches de astrologia, welche Lupitus von Barcelona (aus dem Arabischen?) hergestellt hat (44).
Nach dieser Zeit hat er jedenfalls die früher schon gefertigten Instrumente verbessert und
sie so gestaltet, wie sie Richer beschrieben hat [27].

Es sind folgende: 1. Eine massive Holzkugel wird schräg (mit der Erdachse parallel)
gestellt (III 50, § 17). Um den höheren (Nord-)Pol sind die Sternbilder des nördlichen, um den
tieferen (Süd-)Pol die des südlichen Himmels gezeichnet. Mittelst des Horizontringes (nicht Horizont-
linie) giebt man der Kugel die richtige Lage, denn dieser Ring wird so gestellt, daß er die
zur Zeit sichtbaren Sterne von den zur Zeit nicht sichtbaren trennt, und durch Drehen der
Kugel läßt sich Aufgang und Untergang der einzelnen Sternbilder bequem zeigen und verständlich
machen. Büdinger erwähnt, daß Cicero de republica I 14 von einer solchen Himmelskugel
spricht. — 2. Auf den Wunsch des oft genannten Constantin verfaßt Gerbert (als Papst?) den
bei Olleris S. 479/80 abgedruckten Brief, in welchem er selbst eine solche Sphäre beschreibt.

Sie besteht aus zwei ausgehöhlten und dann an einander gelegten Halbkugeln und zeigt auch die Polarkreise, die Wendekreise und den Äquator. — 3. Das unter III 51 beschriebene Instrument ist insofern eine Vereinfachung des von Gerbert selbst beschriebenen, als statt der Halbkugeln ein Halbring genommen ist, an dem dann in bestimmten Entfernungen die Röhren zum Durchblicken befestigt sind. Diese drei genannten Apparate dienten also zum Aufsuchen der sichtbaren Fixsterne, der zweite und dritte sollte auch die dem leiblichen Auge unsichtbaren (intellectiles, visibus inexpertos) Parallelkreise am Himmel dem Geiste verständlich und anschaulich machen. — 4. Der vierte Apparat (III 52) veranschaulicht die Planetenbahnen. Statt der vollen Himmelskugel nur 2 Coluren, d. h. Kreise, die sich rechtwinklig schneiden und so das Gerippe des Himmelsgewölbes bilden: die Schnittpunkte der Coluren sind die Pole und werden als solche besonders kenntlich gemacht. Weiter sind an ihnen befestigt 5 Parallelkreise, welche die Polarkreise, Wendekreise und den Äquator vorstellen, allerdings nicht genau in den bei uns gebräuchlichen Abständen. Nach Richers Angabe, die sich ebenso bei dem dritten Instrumente fand, liegen die beiden Wendekreise je unter dem 24° (statt unter 23½°), die beiden Polarkreise aber je unter dem 51° (statt unter 66½°). Um dieses Gestell legte er schräg den Tierkreis, und über dem Allen waren die Bahnen der Planeten sehr wunderbar befestigt. Diese letztgenannten Kreise waren so compliciert, daß sich Richer deshalb eine genaue Beschreibung erspart. — 5. Eine Kugel aus Ringen (III 53) stellte das Himmelsgewölbe dar, wie der vorige Apparat, aber statt der Parallelkreise, des Tierkreises und der Planetenbahnen waren hier an ehernen Drähten die Sternbilder befestigt. Statt der Achse diente, wie in 1 und 2, wieder eine die Pole durchschneidende Röhre, um durch Fixieren des Polarsternes die Richtung der Kugel zu bestimmen. Nun brauchte man nur noch ein Sternbild an die Kugel zu stellen, dann konnte auch ein Neuling die andern ganz allein finden.

Nutzen der Apparate.

§ 45. An solchen Apparaten lernten seine Schüler „den Bau des Weltalls" kennen, und mit ihrer Hülfe mußten sie in sternhellen Nächten den Aufgang und Untergang der Sternbilder beobachten und aufzeichnen. Da sich so die Vorgänge am Himmel leichter erklären ließen, wünschten auch andere Klöster sie zu besitzen. Bruder Remigius in Trier bittet um eine Sphäre der zuerst beschriebenen Art, mit Roßleder überzogen, die Sterne womöglich in verschiedenen Farben gemalt und mit Horizontring versehen; ungeduldig erinnert er in der drangvollen Zeit nach Adalberos Tode Gerbert an das Versprechen (134, 148, 152, 162). Mit Hülfe des fünften Instrumentes ließ sich nachts die Zeit bestimmen, wenn man wußte, wo ein bestimmtes Sternbild in jeder einzelnen Stunde zu finden war. Eine derartige von Gerbert aufgestellte „Uhr" sah Thietmar (VI 61) in Magdeburg, und vermutlich hat auch ein Instrument in Reims gelegentlich solchen Zwecken gedient. Da man kein andres Mittel zur genauen Zeitmessung bei Nacht hatte, so kam eine solche Erfindung den Mönchen zu statten, die nachts im Kloster das Zeichen zum Gebet zu geben hatten.

Beurteilung.

Man hüte sich auch bei der Beurteilung seiner astronomischen Kenntnisse vor Übertreibung, d. h. man erkenne an, daß er das von den römischen Schriftstellern Gebotene mit praktischem Blick benutzt hat, aber man spreche nicht von einem „Belauschen der Geheimnisse des Naturlebens". Wenn er im Februar 989 dem Bruder Adam eine Tabelle über die Länge der Tage und Nächte zu verschiedenen Jahreszeiten und unter 2 verschiedenen Parallelkreisen sendet, so folgt er bei ihrer Abfassung nur der von Martianus Capella gegebenen Regel, nicht eigner Beobachtung (153).

§ 46. Unter dem vierten Teile des Quadriviums, der Geometrie, faßt Richer aus dem Rechnen.
oben angegebenen Grunde das Rechnen und die Feldmeßkunst zusammen. Zu einer Zeit,
wo man die arabischen Ziffern noch nicht gebrauchte, machten die einfachsten Rechenaufgaben
große Schwierigkeiten. Um diese etwas zu beseitigen, stellte Gerbert nach dem Vorbilde der
Alten eine Rechentafel her, in deren vertikalen Reihen die Ziffern, nach Einern, Zehnern,
Hunderten u. s. w. gruppiert, unter einander standen. Er lehrte auch zuerst statt der römischen
Zahlzeichen Ziffern beim Rechnen zu gebrauchen, die mit den arabischen Ähnlichkeit haben,
und das ist ein großes Verdienst, auch wenn er diese Kenntnis den Schriften des Boëthius
verdankt. Da er die Null noch nicht kennt, kann er die Rechentafel mit 27 Kolumnen und
1000 Marken aus Horn mit Zahlzeichen darauf nicht entbehren. [*)] Was von diesen Dingen
er speziell in der spanischen Mark (nicht von den Arabern) gelernt, ob er das 984 in zwei
Briefen (17. 25) verlangte Buch des Spaniers Joseph über Multiplikation und Division schließlich
bekommen und in ihm etwas Neues gefunden hat, wissen wir nicht. Aber auch wenn er von
ihm gelernt haben sollte, gilt es als sicher, daß sein Wissen und Können sich aus Boëthius
erklären läßt. Über den Kreis seiner eignen Schüler hinaus wirkte er nach seiner Lehrerzeit
durch mehrere Lehrbücher über den Gebrauch der Rechentafel und über das Dividieren [*)];
auch einer seiner Schüler, Bernelinus, schrieb ein ausführliches Buch über die Rechentafel.

§ 47. Über die Geometrie hat Gerbert ein eignes Buch mit 95 Figuren verfaßt, bei Geometrie.
Olleris S. 403—170 abgedruckt. Seinen Inhalt hat er in Bobbio dem codex Arcerianus entnommen.[*)]
Wie die Schriften der römischen Feldmesser will Gerberts Buch dem praktischen Gebrauche
dienen, „denn die Sätze werden ohne Beweis einfach hingestellt und ihre praktische Verwend-
barkeit wird erläutert." Es zeigt u. a., wie man die Höhen der Türme, Berge u. s. w.
mittelst des Winkelmessers bestimmen könne, und diese Fertigkeit erscheint noch i. J. 1133
dem Mönch des Andreasklosters in Cateau Cambresis so merkwürdig, daß er sie in der Einleitung seiner Chronik erwähnt und als Gerberts größte wissenschaftliche Leistung bezeichnet
(SS. VII 527). Unter den von demselben Chronisten erwähnten Briefen steht der an Adalbold
voran, „die erste Schrift des Mittelalters, die den Namen einer mathematischen Schrift wirklich
verdient." [*)] Über den Ton seiner mathematischen Schriften sagt Cantor S. 742, daß man an
ihrer behäbigen Breite wohl den früheren Lehrer erkennen könne, der auch dem Schwächsten
verständlich zu werden sich bemühte. Als Erzbischof und Papst hat er mathematische Lehr-
schriften verfaßt, auch im Alter noch bestrebt, wie er i. J. 984 gesagt hatte, „zu lehren,
was er wußte, zu lernen, was er nicht wußte" (44). Wo es an geeigneten Lehrmitteln für
Teile des Quadriviums fehlt, ist er ernstlich und erfolgreich bemüht, durch selbst gefertigte
Instrumente und durch eigne Lehrbücher einen Ersatz zu bieten.

§ 48. Wo bleibt aber, so fragt der Leser nach der langen Wanderung auf den sieben Theologie.
rauhen Pfaden des Trivium und Quadrivium, wo bleibt die Theologie, die Bibel, die Kirchenväter und das Kirchenrecht, das den künftigen Papst und seine Schüler zu höheren Würden
befähigen sollte? Waren die Warnungen des heiligen Majolus vor den Lügen der alten
Philosophen und vor der vergiftenden Wohlredenheit des Vergil wirklich so nötig? Sie wären
es gewesen, wenn Gerbert und die Seinen über den Alten ganz die theologische Wissenschaft
vergessen hätten. Für diese bot die wissenschaftliche Muße des Klosters Zeit und Anregung
genug, und wenn wir auch von einem eignen Studium bei ihm nichts hören, so ist er doch in
der Bibel und in den Kirchenvätern wohl zu Hause. Havets Index setzt uns in den Stand,

ihm in seinen Briefen genau 99 Citate aus der heiligen Schrift zahlenmäßig nachzurechnen, von denen freilich allein 33 auf den langen Brief an Wilderode kommen (217). Wie Abbo (Brief 5) dies ausdrücklich von sich sagt, hat auch Gerbert die Aussprüche der Kirchenväter stets bei der Hand, und in seinem Kampf für das Reimser Erzbistum weiß er, wie kein Anderer, mit diesem Rüstzeug zu streiten. Seine weltliche Wissenschaft entstammt nicht freier Forschung, sondern sie ist aus den Schriften der Alten entlehnt. Wie ihnen, so glaubt er auch den Festsetzungen der Concilien, die er in seinem 991 verfaßten Glaubensbekenntnis ausdrücklich anerkennt.[31] Andere Mönche und selbst der junge Kaiser Otto III. suchen Trost und Frieden in wochenlangen Bußübungen, und Gerbert selbst ruft in dem langen Briefe an Wilderode zum Schluß den Namen Jesu an, der ihn aus dem Staube erhoben habe (217). Aber in der Einleitung lesen wir ein langes Citat aus Senecas Moralia I 8, daß der Weise sich einen Freund suche, nicht des Nutzens wegen, sondern um die Freundschaft auszuüben. In einem Briefe an Raimund aus der Zeit des Thronstreites nennt er die Philosophie den einzigen Trost, der ihn alle Schläge des Schicksals vergessen lasse, und als sich sein Gewissen wegen des Anschlusses an Arnulf regt, bittet er den Abt Romulf um eine Ciceronische Schrift, die ihm die Sorgen vertreiben solle (45. 167).

Medizin. § 49. Wie die Medizin bei Martianus Capella nicht zu Worte kommt, so hat auch Gerbert sie nicht in den Lehrplan seiner Schule aufgenommen. Die Schriften des Hippokrates zu studieren, mußte also Richer nach Chartres ziehen, denn Gerberts Schüler wußten, daß er nicht den Anspruch erhebe, etwas davon zu verstehen. Einige theoretische Kenntnisse hatte er aus der alten Litteratur erworben und behalten, aber an eine praktische Ausübung der Kunst dachte er nicht (151). Das hindert nicht, daß an den großen Gelehrten von auswärts die Anfrage kommt, wie man Stein und Leberleiden bekämpfen könne (151. 169). Aber er selbst warnt ehrlich davor, daß man ihn als ärztliche Autorität betrachte, und bei dem Leberleiden verbessert er nur den falschen Krankheitsnamen mit Berufung auf Cornelius Celsus.

Bibliothek. Der Wunsch, immer mehr zu lernen, ließ sich nur befriedigen, wenn er sich in neuen Büchern neue Fundgruben des Wissens erschloß. Denn die Kloster- und Stiftsbibliotheken in und bei Reims enthielten nur das Notdürftigste, und das dringendste Bedürfnis trieb Gerbert und den Erzbischof Adalbero, nach anderen Büchern auszuschauen. Davon zeugt sein Briefwechsel mit Adalbero, aber diese Briefe stammen alle erst aus der Zeit, wo er seine ausschließliche Thätigkeit als Scholastikus bereits aufgegeben hatte.

Kanzlei. § 50. Als Scholastikus von Reims ist Gerbert zugleich der gegebene Kanzler und Archivar des Erzbischofs.[32] Wer seine Schüler lehren soll, „wie sie überzeugend schreiben und durch liebliche Rede den Grimm der Zornigen zu dämpfen haben" (44), wer als Lehrer der Rhetorik sie unterweisen soll, mustergültig Briefe und Urkunden abzufassen, der mußte selbst am Besten die Briefe und Urkunden für den Bischof und das Kapitel abfassen können. Sein Aufenthalt am Hofe Ottos I. wies ihn auf die Bedeutung dieser Kunst für eine spätere Stellung hin. Auch Othrik trat, nachdem er Magdeburg verlassen, in die Capella Ottos II. ein und hatte nach seiner ruhmreichen Bewährung im Lehramte auf die höchsten Würden in Staat und Kirche Aussicht und Anspruch. Daß Gerbert es in dieser Kunst zur Meisterschaft brachte, zeigen seine Briefe, die man deshalb auch, des für einen Briefsteller überflüssigen Beiwerks an Eigennamen und Daten teilweise entkleidet, später als Vorlage und Stilmuster in Frankreich zu haben wünschte (Handschrift L). In der ersten Zeit seines Reimser Aufenthaltes verfaßte er vielleicht die an einen Bischof Thetbald gerichtete Vorladung vor eine Synode (Havet. app. 1).

§ 51. Da wird Reims, wo seit langer Zeit der deutsche Einfluß den französischen bekämpfte, mitten in den Streit der Könige hineingezogen. Es ist oft erzählt, wie der französische König Lothar mit 20000 Mann den deutschen Hof in Aachen überfiel. Diese Schmach zu rächen bricht Otto II. am 1. Okt. 978 auf, lagert sich vor Paris und zieht ohne einen andern Erfolg als den einer Demonstration über die Grenze zurück. Als bei dem Rückmarsch der westfränkische Ritter Goisfried vorschlug, dem Kampf der Heere durch einen Zweikampf der Fürsten ein Ende zu machen, hatte Gotfried von Verdun ihm erwidert, die Deutschen hielten ihren König für zu hoch dazu; daß die Franzosen nichts von dem eignen hielten, hätten sie bisher immer gehört, aber nicht glauben wollen (SS. VII 441, 35). Und wie Gotfried, so war auch sein Bruder, der Erzbischof Adalbero von Reims den deutschen Königen gewogen. Während Otto II. die französische Pfalz in Attigny plünderte, „bezeugte er im Reimser Gebiet dem heiligen Remigius große Ehrfurcht" (III 71). Noch nach 8 Jahren wirft Lothars Sohn Ludwig dem Erzbischof Adalbero vor (IV 2), er habe Otto II. in allen Stücken begünstigt, und auch ohne bestimmte Nachricht können wir es wissen, daß auch Gerbert den Deutschen behülflich gewesen ist. Nach seinem bisherigen Lebensgange ist französischer Patriotismus bei ihm weder zu erwarten noch zu verlangen. Dazu kommt, daß die Persönlichkeit der Ottonen den heimatlosen Geistlichen viel mehr zur Ehrfurcht herausforderte, als die letzten Karolinger und daß das Imperium, welches die drei Ottonen erstrebten, dem gelehrten Manne aus der Litteratur ein vertrauter Begriff war.

§ 52. Als Lothar 980 seinen Frieden mit Otto II. geschlossen hat, ist Hugo Capet damit unzufrieden und begiebt sich deshalb 981 persönlich zu Otto II. nach Italien (III 82—88). Schon vor ihm, bald nach dem Frieden, ist Adalbero mit Gerbert nach Italien gereist. Ihre Stellung in Reims war jetzt nicht leicht, denn wenn Lothar auch Versprechungen zu Adalberos Gunsten gegeben hatte, so war ihm doch nicht unbedingt zu trauen, und das spätere Eintreten für Otto III. weist auf bestimmte Verabredungen hin. Leider kennen wir letztere nur aus diesen späteren Ergebnissen.[36] Richer erwähnt nur, fast zufällig, daß die Beiden nach Rom reisten, daß sie in Pavia den Kaiser trafen und mit ihm zu Schiffe auf dem Po nach Ravenna fuhren. Hier fand im Januar 981 die schon erwähnte Disputation Gerberts mit Othrik statt, und reich beschenkt und berühmt kehrt Gerbert mit seinem Erzbischof nach Frankreich zurück (§ 41). In Reims hatte er eine ihm zunächst befriedigende Stellung, in der er sich frei und glücklich fühlte, und seinem weiteren Fortkommen konnte das Amt des Scholastikus in Reims nur förderlich sein (Br. 1: quondam liber).

IV. In Bobbio. 983.

§ 53. Otto II. hatte am 13. Juli 982 in Unter-Italien eine so schwere Niederlage erlitten, daß es galt, alle Kräfte zusammenzufassen und zuverlässige Leute in wichtige Ämter zu bringen. So gab er im Herbst 982 Tuscien an Hugo, den späteren Ratgeber Ottos III., und in demselben Jahre berief er durch ein eigenhändiges Schreiben von Unter-Italien aus (838) Gerbert in die reiche Abtei Bobbio. Der heilige Kolumban (✝ 615) hatte dies Kloster in einer entlegenen Schlucht des Ligurischen Appennin an der Trebia erbaut. Sein Ruf verschaffte Bobbio reiche

Güter in allen Gegenden Italiens. Das Kloster selbst war befestigt, und der Abt hätte Ritter in seinem Dienste, die auch zur Heeresfolge in andere Länder verpflichtet waren (12. 16. 45. 91). Da der Abt Petroald in Bobbio sein wichtiges Amt nachlässig verwaltete, zwang ihn der Kaiser, wieder Mönch zu werden und gab Gerbert seine Stelle. [37]) Mochte Gerbert, beim Empfang des Schreibens zunächst mehr an die Würde als an die Bürde seines Amtes denken, so lag es dem Kaiser selbst sehr fern, ihm durch die Absetzung Petroalds nur einen Titel und eine einträgliche Sinekure verschaffen zu wollen. Er verlieh ihm vielmehr die Abtei unter der Voraussetzung und unter der Bedingung, daß er sich dort aufhielte, und ließ den Abt in aller Form Treue schwören (2. 11. 159). Damit sagte sich Gerbert förmlich von dem Dienste des eigenen Vaterlandes, das er ja kaum besessen hatte, los.

Bedrangnisse.

§ 54. In Bobbio findet Gerbert weder geistliche noch überhaupt geistige Interessen, und mit seinen litterarischen Neigungen steht der neue Abt, trotz der reichen Bibliothek, dort anscheinend allein (7. 8. 9). Er leidet vor Allem unter finanziellen Sorgen. Durch schriftliche Pachtverträge hat sein abgesetzter Vorgänger ihm die Verfügung über den Grundbesitz entzogen, die bewegliche Habe als Almosen verschenkt. Nirgends bares Geld oder Vorräte, denn das wenige, was noch vorhanden war, hat der Kaiser in Gnaden dem früheren Abte zur eignen Verfügung überlassen. Solche Armut, die in der ersten Zeit des Mönchtums etwas selbstverständliches war, empfanden alle Insassen des Klosters als drückendes Unglück, und bald kommt Gerbert zu der Überzeugung, daß er in seiner neuen Stellung sich nur verschlechtert habe und daß diese ihm außer der Gnade des Kaisers keinen Vorteil biete (2. 3).

Selbsthülfe.

Zunächst versucht er auf dem Wege der Selbsthülfe das, wie er meint, unrechtmäßig vergebene Land zurückzunehmen. Darüber beschweren sich Brouing und Isimbard beim Kaiser (1), der sich zwischen dem 26. April und 1. Juni von Rom nach Verona begab (838. 839). Doch der hatte wichtigere Dinge im Kopfe, denn er rüstete sich zu einem neuen Zuge gegen die Araber und ließ in Verona (1.—17. Juni) seinen dreijährigen Sohn zum Nachfolger wählen. Deshalb erhält Gerbert als erste Antwort auf seine Klagen (1) ein gemessenes, tadelndes Schreiben aus der Kanzlei (2). Und er, der selbst nichts hat, soll nun noch von seinem vermeintlichen Überfluß Andern spenden. Durch Geld und gute Worte sucht ein gewisser Boso sich von einer Heulieferung an das Kloster zu befreien (4); Bischof Peter von Pavia, der als Erzkanzler von Italien sich rühmte, Gerbert zu seiner Abtei verholfen zu haben, will auf Kosten von Bobbio einige Ritter ausstatten (5), und etwas Ähnliches beansprucht die alte Kaiserin Adelheid für ihren getreuen Grifo (6). Gerberts Ton in seinen Antworten wird immer gereizter, und wenn er auch im Rechte war, so wundern wir uns doch nicht, daß er dadurch die Gunst der alten Kaiserin zunächst verlor.

Otto II. hilft ihm.

§ 55. Nach einem beweglichen Briefe (2) trägt er dem Kaiser zu Mantua im Juni 983 seine Sache persönlich vor (859). Otto scheint einige seiner Wünsche gewährt, einzelne der von Petroald verliehenen Lehen für ungültig erklärt zu haben (11). Gerbert ist für den Augenblick befriedigt und schreibt an Adalbero, an seinem vollen Glücke fehle nur das Zusammensein mit ihm (8). Auch für seinen Erzbischof hat er sich dort verwendet, doch scheint er für ihn nichts wesentliches ausgewirkt zu haben. Immerhin fühlt er sich jetzt mächtig genug, um für die Mönche des Klosters Principianum Fürsprache einzulegen (10).

Neue
Schwierigkeiten.

Als aber Otto II. im August Ober-Italien verlassen hat (862) und zu seinem Rache-feldzuge gegen die Saracenen neue Leistungen verlangt, als die Nachricht von den Einfällen der

Slawen in die deutschen Marken kommt, da wagt sich allenthalben der Widerwille der Italiener gegen das deutsche Regiment hervor. Und — eine grausame Ironie — nun soll Gerbert Freunden und Verwandten und Bekannten in seiner neuen Stellung weiter helfen. Gleich anfangs war sein Freund Rainer aus Reims gekommen (2); jetzt besinnen sich die Verwandten Gerberts und erscheinen mit ihren Familien in Bobbio bei dem einflußreichen Bruder und Vetter (11); und der Erzbischof von Trier fragt bei ihm an, ob er nicht einigen seiner scholastici am Kaiserhofe ein Unterkommen verschaffen könne (13). Das mochte die Italiener nicht mit Unrecht erbittern, und die Drohung mit dem Zorne des Kaisers schreckte nicht mehr. Die „Galgenstricke" nennen den Kaiser einen Esel und machen über den Abt mit so vielen Frauen ihre Witze (11. 12). Wie vor dem Gespräch in Mantua (7) nennt sich jetzt Gerbert wieder klagend in der Überschrift eines Briefes „einst Scholastikus" (12). Bobbios reiche Güter, die der Kaiser ihm verleihen wollte, haben ihm nichts als Feindschaft eingetragen. Er soll allen Besitz preisgeben, alle Schenkungen seines Vorgängers genehmigen, sonst drohen ihm die Italiener mit Schwert, Verfolgung und Verleumdung.

§ 56. Vollends unhaltbar war seine Stellung, als er durch den Tod Ottos II. am 7. Dez. 983 diesen Rückhalt verlor. Gleich darauf schreibt Gerbert aus Bobbio oder dem 50 km entfernten Pavia Rat und Hülfe suchend an den Papst (14): Italien ist in Aufruhr; so kann er nicht nach Rom, nicht nach Frankreich zurück kommen. Die Absicht, Italien zu verlassen, ist noch nicht in ihm gereift, denn sonst wäre der ganze Brief überflüssig gewesen. Bald darauf einigt er sich mit Petroald zu gegenseitiger Befriedigung (15), aber nicht zur Freude der Mönche, welche unter Petroalds mörderischer Wirtschaft am meisten gelitten hatten. Gerbert verzichtet zunächst auf die Ausübung der nur noch nominellen Würde und giebt, um für sich noch einiges zu retten, Petroald vorläufig die Vertretung. Aber bald setzen die Mönche diesen wieder ab, und ein Eindringling tritt an seine Stelle (18). Neu besetzt ist Bobbio erst am 1. Oktober 998 (1168). Gerbert teilt dem Abt Gerald in Aurillac seinen Plan mit, in die alte, so lieb gewonnene Stellung nach Reims zurückzukehren.[38] Zu Pavia hat er mit Ottos Wittwe Theophano verabredet, nach einiger Zeit, zum 1. Dez. 984, in Rom zu erscheinen (16. 37).

Abreise.

So war er zum ersten Male in verantwortlicher Stellung politisch thätig gewesen, und trotz seines Mißerfolges kann man nicht sagen, daß er zu einem solchen Amte nicht fähig gewesen wäre. Soweit wir sehen, hat der Kaiser sein Verhalten im Wesentlichen gebilligt, nur gegen die Kaiserin-Mutter hätte Gerbert rücksichtsvoller verfahren können. Daß er dann, als das Ansehen des Kaisers sank, keinen Gehorsam mehr erzwingen konnte, und daß er nach Ottos Tode Italien verließ, ist durchaus natürlich. Der fromme Mönch, der sich auf Gott und sein Gebet, der streitbare Ritter, der sich auf sein Schwert und seine Faust verläßt, sie beide hätten als Ausländer sich getraut, in dem feindlichen Lande zurückzubleiben. Gerbert ist weder das eine noch das andere. Was soll ihm jetzt seine Feder helfen? Wie sollte er mit wenigen Rittern Bobbio gegen die Feinde des Kaisers verteidigen, nachdem dieser selbst gestorben war? Und die Gefahren für sein Leben waren ja kein Gebilde seiner Phantasie (12); selbst die päpstliche Tiara gewährte Johann XIV. keinen Schutz mehr. Daß Gerbert zu einem nutzlosen Martyrium keine Lust hatte, verdenken wir ihm nicht. Sein Tod hätte Ottos Erben nicht beglücken können, und lebend konnte er, das sollte sich gleich zeigen, in Reims dem jungen Kaiser bessere Dienste leisten, als er es in Bobbio gekonnt hätte.

Praktische Erfolge.

d*

Wissenschaftliche Ganz abgesehen von diesen praktischen Erfahrungen sollte der kurze Aufenthalt in
Ergebnisse. Italien auch wissenschaftlich für ihn bedeutungsvoll sein. Wir sahen, wie er durch die Schätze
der Bibliothek Bobbio seine geometrischen und astronomischen Kenntnisse erweiterte; und
Havets Untersuchungen lassen uns annehmen, daß er hier die Kurzschrift kennen lernte, die er
vom Ende des Jahres 984 an bei dem Entwurf mancher Briefe und später zur Unterschrift
einzelner Bullen benutzte (vgl. § 5).

V. Politische Thätigkeit bis zur Wahl Hugo Capets. 984 bis Juni 987.

Italien. § 57. Bei seinem Scheiden aus Italien konnte Gerbert nicht ahnen, wie die italienischen
Verhältnisse sich gestalten würden. Noch blieben ja die beiden Kaiserinnen zurück, und eine
einfache formlose Flucht hätten diese ihm nicht verziehen. Erst im Juni 984 reisen sie auf
den Wunsch ihrer Anhänger nach Deutschland und überlassen Italien für einige Zeit sich selbst.
Vorläufig sah es Theophano nicht ungern, wenn Gerbert sich zur Unterstützung ihrer Sache
nach Reims begab, und verabredete mit ihm, daß er am 1. Dez. 984 wieder in Rom sein solle (25).
Die gewünschte Ruhe freilich findet Gerbert auch in Reims nicht (17); sehr erregt ihn
die Nachricht, daß ein Eindringling mit Zustimmung der meisten Mönche sich an Petroalds
Stelle zum Abt gemacht hat, aber er selbst kann ihm nur mit der ewigen Verdammnis drohen (18)
und seine Freunde auf Gottes Beistand und das Gebet verweisen (19). Da er von der Gefangenschaft des Papstes noch nichts weiß, fordert er diesen ungeduldig auf, solche Zustände in Bobbio
nicht zu dulden (22. 23); dann schreibt man ihm, daß er die alte Kaiserin durch seinen etwas
schroffen Brief (6), vielleicht auch durch seine Abreise aus Bobbio verletzt hat. Schnell sucht
er das Geschehene vergessen zu machen, indem er ihr und ihrem Beichtvater versichert, er habe
sie nicht absichtlich gekränkt und sei fest entschlossen, die Otto II. geschworene Treue auch
dessen Mutter zu halten (20. 21).

Amtsgeschäfte. In Reims ist seine Stellung nur eine provisorische, und dieser Zustand dauert wider
sein eigenes Hoffen und Wünschen die nächsten Jahre über fort (72); das machte ihm die
Wiederaufnahme einer geordneten Lehrthätigkeit unmöglich. Nötiger gebrauchte man den
kaiserlichen Abt in der Kanzlei, wo er unter andern Schriftstücken eine Aufforderung
zu Geldsammlungen für Jerusalem verfaßte (28), die man oft als eine Kreuzzugsbulle
Silvesters II. bezeichnet hat, weil man das Jahr ihrer Abfassung nicht beachtete.

Vormundschaft § 58. Mehr als solche amtlichen Arbeiten bewegte Gerbert und Adalbero die Frage,
für Otto III. wer Vormund für Otto III. werden sollte. Dieser war am Weihnachtstage 983 eben zum
Nachfolger seines Vaters gekrönt, als die Nachricht vom Tode des Kaisers in Aachen eintraf.
Für die vormundschaftliche Regierung konnte in Betracht kommen in erster Linie Ottos II.
Gemahlin Theophano, die sich aber das Vertrauen der Deutschen noch nicht erworben hatte, in
zweiter Linie Ottos II. Vetter väterlicherseits, Heinrich von Bayern, der damals noch wegen
einer Empörung gegen Otto II. in der Haft des Bischofs von Utrecht war. Drittens machte, wie
wir aus Gerberts Briefen wissen, Ottos II. Schwager mütterlicherseits, der französische König
Lothar, Anspruch darauf, aber seine Uneigennützigkeit unterlag nach den Vorgängen vom J. 978
berechtigten Zweifeln. Da es über die Vormundschaft keine Vorschriften gab, ist es natürlich,
daß gute Patrioten den deutschen Mann Heinrich von Bayern der griechischen Frau Theophano

vorzogen; deshalb entläßt Poppo von Utrecht Heinrich aus seiner Haft, und Warin von Köln übergiebt ihm den jungen König. Berechtigt ward ein Widerstand gegen Heinrich erst, als er am Palmsonntage zu Magdeburg die Krone für sich selbst verlangte und seine Anhänger ihn Ostern (23. März) 984 zum König ausriefen. Da sagen sich die meisten Sachsen von ihm los; aber in seinem Stammlande Baiern findet er viele Anhänger, und erst der Erzkanzler Willigis von Mainz und der Herzog Konrad von Franken und Schwaben durchkreuzen seine weiteren Pläne in Süddeutschland. Sie zwingen den Prätendenten zu dem eidlichen Versprechen, daß er am 29. Juni zu Rara oder Roza (dessen Lage nicht sicher bekannt ist) den jungen König ihnen und der Theophano ausliefern wolle.

Heinrich verlangt die Krone für sich.

Während Heinrich trotz dieses Versprechens seine eigennützigen Zwecke weiter verfolgt, gilt es, das fünfte der deutschen Herzogtümer, Lothringen, seinem Anhang zu entreißen. Bischof Theoderich von Metz, Ottos II. vertrauter Freund, war seit dem Sommer 982 mit der Kaiserin zerfallen. Er hatte ihre in der Erregung gethane Äußerung über die Niederlage der Deutschen dem Kaiser hinterbracht, und da er in diesen Worten den Ausdruck ihrer wahren, d. h. ihrer undeutschen Gesinnung zu erkennen glaubte, hielt er sie nicht für geeignet, die vormundschaftliche Regierung zu führen und die Erziehung des Thronfolgers zu leiten. Leider sollten die Thatsachen später die Bedenken deutscher Männer gegen Theophano rechtfertigen, denn alles Unheil, was Otto III. über Deutschland gebracht hat, erklärt sich aus dem Widerwillen gegen die „sächsische Roheit", zu dem ihn seine Mutter erziehen ließ. Theoderich schließt sich deshalb nach seiner Heimkehr von Rom an Heinrich an; er findet in Metz die Stimmung für ihn günstig, und in Trier behauptet Erzbischof Eckert sogar, er müsse aus Rücksicht auf die öffentliche Meinung für Heinrich eintreten (26).

Die Lothringer.

Da ist es für den schwachen Anhang Theophanos von Bedeutung, daß in der französischen Stadt Reims der Erzbischof Adalbero und Gerbert für Otto III. eintreten, dessen Thronfolge durch Heinrichs Ansprüche in Frage gestellt ist. Um seiner Partei in Deutschland zu helfen, greifen sie zu dem nicht unbedenklichen Mittel, daß sie den König Lothar als Verwandten Ottos III. um Hülfe bitten (27); nicht unbedenklich deshalb, weil Lothar als Sicherheit und Entgelt für seine Dienste die Vormundschaft seines Neffen verlangt, wir wissen nicht, ob überhaupt, oder nur für Lothringen (22). Thatsächlich übernimmt Lothar in Konkurrenz mit Heinrich die Vormundschaft in Lothringen und die Führung der Feinde Heinrichs. Wir thun ihm schwerlich Unrecht mit dem Verdacht, daß er schon damals, wie 6 Jahre vorher, den Erwerb Lothringens beabsichtigt hat.

Lothar Ottos III.
Vormund.

§ 59. Das französische Reims ist mit einem Male die Hochburg der Anhänger Ottos: Adalbero bietet Eckert dort eine Zuflucht an, wenn er in Trier als Gegner Heinrichs nicht bleiben könne (26). Die Botschaft von der Hülfe Lothars sendet Gerbert selbst an Theophano nach Italien und an Willigis, den einflußreichsten Gegner Heinrichs (22, 27); auch Notker von Lüttich lädt er auf den 11. Juni 984 zu einer gemeinsamen Beratung ein (30). Solche Verräthung ihrer Absichten mußte die Freunde Heinrichs erbittern, und dies Gefühl des Ärgers treibt den alten Theoderich zu einem recht groben Briefe an seinen früheren Freund und Verbündeten, den noch oft zu nennenden Herzog Karl. In den stärksten, kaum wieder zu gebenden Ausdrücken wirft er Karl vor, daß dieser „gegen seinen Neffen Heinrich den Gifthauch seiner schwarzen Seele ausspeie", was nach der dann aufgestellten Liste von Schandthaten aus Karls Vorleben Theoderich nicht Wunder nehmen könne. Das Ganze trägt einen so gehässigen

Briefe für Lothar
und Otto III. 984.

Charakter, daß Niemand es Karl verdenken wird, wenn er auf den groben Klotz einen groben Keil setzte. Er sendet Gerbert, der mit ihm eins ist in dem Haß gegen Heinrich, den Brief zur Beantwortung; und auf diese Weise ist Theoderichs eignes Pamphlet, ohne von Gerbert verfaßt zu sein, in dessen Briefsammlung gekommen (31). Gerberts Antwort giebt denn auch in Form und Inhalt dem Angriff Theoderichs wenig nach (32).

Sieg ihrer Partei. Damit läßt es sich schwer vereinigen, daß Gerbert im Eingange des nächsten Briefes den eben noch so heruntergemachten „Elenden" als „die Zierde des römischen Reiches" begrüßt (33). Es klingt fast ironisch, wenn er ihm schreibt, er habe sich lange nicht so scharf ausgedrückt, wie Karl es gewünscht hätte, und sich dann erbietet, Theoderich in Zukunft mit Nachrichten zu bedienen. Sollte da nicht Adalberos Einfluß zu merken sein, der aus dem Kloster Gorze bei Metz hervorgegangen war und im Hinblick auf das gemeinsame Wirken im Dienste Ottos II. den alten Theoderich schonen wollte? Oder hoffen sie beide, wie sie Ecbert umzustimmen suchen, so durch versöhnliches Auftreten auch den Bischof von Metz auf ihre Seite zu ziehen, an dessen besten Absichten für das Wohl des Vaterlandes wir nicht zweifeln dürfen? Gerbert rühmt sich einen Monat später und setzt es als bekannt voraus, daß er durch die Macht seiner Rede (declamatorie) viele zum Beistand Ottos III. aufgerufen habe (37). Lothar aber begnügt sich nicht mit Versprechungen, er verlangt von seinem neuen Anhang statt der bloßen Worte Geiseln (57), und diese Verhandlungen vermittelt wieder mit Gerberts Hülfe der Erzbischof Adalbero. Ihm werden die Geiseln gegeben, durch welche sich die Fürsten „zum Gehorsam gegen Otto III. unter Lothars Vormundschaft" und zum Widerstand gegen Heinrichs Pläne verpflichten (35). Heinrich ward bald von vielen seiner Anhänger verlassen, so daß der alte Theoderich sich kaum in seiner eignen Stadt Metz sehen lassen durfte und zuletzt scheu den Verkehr mit Menschen mied, bis er vor Kummer am 7. Sept. 984 starb. (SS. IV 482).

Gerbert wünscht nach Deutschland zu kommen. Oft gedruckt ist Gerberts Brief, den er im Juni 984 von Reims an Willigis schrieb (34): „Des Kaisers beraubt, sind wir eine Beute der Feinde. Der Kaiser, glaubten wir, lebe in seinem Sohne fort. O, wer hat ihn verraten, wer uns die andere Sonne entrissen? Das Lamm hätte man der Mutter, nicht dem Wolf anvertrauen müssen!" Diese Worte machen nicht allein seinem Stil, sie machen auch seinem Herzen Ehre, aber neben der Klage um Ottos Gefangenschaft schildert er beweglich die eigene Not. Er bittet Willigis, für seine Rückkehr aus der „Verbannung" an den kaiserlichen Hof zu wirken; denn wie der Brief gegen und an Theoderich zeigt, befindet er sich bei dem Parteistreit in Lothringen in einer Abhängigkeit, die für den einst an selbständiges Handeln Gewöhnten drückend sein mußte. Wie weit Gerbert durch seinen Eifer sich thatsächlich verdient gemacht hatte, konnte Willigis als Erzkanzler am besten beurteilen. Während Lothar sich einbildet, er solle Vormund für Otto III. werden, benutzen *Heinrich liefert Otto III. aus.* Willigis und die Kaiserinnen diese Lage und nötigen Heinrich, am 29. Juni 984 den jungen König herauszugeben. Damit ist für den Augenblick aller Streit beendet, und Gerbert erkundigt sich unter der Hand am Hofe, ob er nun als „Ersatzmann des kaiserlichen Heeres" in Gallien zurückbleiben, ob er sich in Deutschland oder Italien Theophano zur Verfügung stellen solle (37). Da aus Italien bald nachher die Nachricht von der Ermordung Johanns XIV. eintraf (40), mußte er den Gedanken an eine Reise dahin zunächst aufgeben.

Lothars Bund mit Heinrich. § 60. In Lothringen begannen die Gegensätze sich auszugleichen, die Heinrichs und Theophanos Anhänger für einige Zeit getrennt hatten, und Erzbischof Adalbero verständigt sich leicht mit Ecbert von Trier (38). Aber die Ruhe war zunächst nur trügerisch, denn hier grollte

Lothar, daß ihm nun die Vormundschaft entgangen war, dort Heinrich, daß er sein altes Herzogtum Baiern nicht zurück erhielt. Deshalb überwirft er sich im Oktober 984 in Worms (873) mit Theophano, und der Krieg gegen den „Feind des Staates" entbrennt von neuem (45). Hatte Lothar Lothringen nicht in Konkurrenz mit Heinrich behaupten können, so bietet sich jetzt die Aussicht, dasselbe Ziel im Bunde mit ihm zu erreichen. Er macht den Vorschlag zu einer Zusammenkunft am Rhein, und auf Heinrichs Zusage zieht er selbst mit seinem Heere dorthin. Als er bei Reims vorbeikommt, setzt Gerbert Notker von Lüttich davon in Kenntnis (39): „Die Könige der Franzosen begaben sich heimlich nach Deutsch-Breisach am Rhein, wo Heinrich sie am 1. Februar treffen will." Notker möge das Seinige thun, ihre Pläne zu vereiteln. Um der Entdeckung des Briefes vorzubeugen, schreibt er das Concept in Kurzschrift, und später hat er noch oft aus demselben Grunde von ihr Gebrauch gemacht. (§ 6).

Lothar weiß oder fühlt es, daß er sich nach der Veränderung seiner Stellung nicht mehr auf Adalbero und Gerbert verlassen kann, und in der That schlagen diese Hugo Capet vor, „das 981 mit Otto II. geschlossene Bündnis jetzt mit Otto III. zu erneuern" (41). Lothar dagegen sucht das Bistum Verdun einem seiner Anhänger zuzuwenden. Theophano hatte nämlich dem Bischof Adalbero I., dem Sohne der Herzogin Beatrix, im Oktober 984 das durch Theoderichs Tod erledigte Bistum Metz verliehen (§ 22). Das dadurch frei gewordene Bistum Verdun wünscht der deutschfreundliche Graf Gotfried seinem Sohne Adalbero zuzuwenden und erreicht dessen Wahl auch wirklich. Aber Lothar setzt alle Hebel gegen ihn in Bewegung: er klagt den Erzbischof Adalbero an, weil dieser seinen Neffen zu dem Zweck geweiht hat und der Neffe nun Lothar nicht als Herrscher in Lothringen anerkennen will. Er zwingt den Erzbischof, an Ecbert von Trier zu schreiben, daß dieser seinem Neffen die Weihe versagen solle (54): Graf und Bischof dieser westlichsten Stadt Lothringens sollten um keinen Preis Ottos III. Freunde sein (42. 43. 54. 57).

Zwist zwischen Lothar und Eb Adalbero.

§ 61. Gerberts Mahnruf an Notker, daß Lothar auf dem Wege nach Alt-Breisach sei, war nicht ungehört verhallt (39), und nun mußte Heinrich fürchten, sich die Neigung der Deutschen ganz zu verscherzen, wenn er Lothar entgegenzöge und ihm offen zur Besitznahme Lothringens behülflich wäre (III 98). Ohne Anhang unter den deutschen Fürsten aber konnte er die Wiedererwerbung Bayerns unmöglich durchsetzen, und ihre Sympathie war ihm wichtiger, als der Beistand des selbstsüchtigen Lothar, dessen Überfall von Aachen im J. 978 noch zu frisch im Gedächtnis war. So trifft Lothar in Breisach Heinrich nicht an, und auf dem Rückzuge nach Frankreich wird er von den Lothringern angegriffen. Konnte er mit Heinrich sein Ziel nicht erreichen, erkannte er, welchen Widerstand der Erzbischof von Reims ihm entgegensetzte, so entschloß er sich, es ohne Heinrich zu versuchen, und verband sich mit Odo und Heribert, den alten Feinden der Reimser Kirche. Diese versprechen Lothar zu helfen, bis er Lothringen erobert habe.

Lothars Absicht vereitelt.

Das Ziel seines ersten Angriffs ist Verdun, die ihm zunächst gelegene Stadt, zugleich der Sitz seines Gegners Gotfried, der eben erst die Wahl, wenn auch noch nicht die Weihe seines Sohnes Adalbero zum Bischof von Verdun durchgesetzt hatte. 978 war die feste Stadt vergebens belagert, diesmal wird sie so bedrängt, daß die Belagerten ohne den äußersten Widerstand zu wagen kapitulieren (59. III 102). Das übrige Lothringen glaubte Lothar durch Verhandlungen gewinnen zu können und entließ zunächst sein Heer.

Lothar nimmt Verdun.

Ohne Schwertstreich konnte Gotfried seine Stadt Verdun ihm nicht lassen. Mit Herzog Theoderich und mehreren Grafen verbündet, überfällt er dieselbe, und da er sie nicht zurückerobern kann, besetzt er eine befestigte Vorstadt, welche durch einen der fünf Maasarme von der eigentlichen Stadt getrennt, aber durch zwei Brücken mit ihr verbunden ist [39]. Zu den Vorräten in den Speichern der Kaufleute schaffen sie noch Korn und Holz herbei und setzen die Vorstadt in Verteidigungszustand. Aber bald erscheint Lothar mit 10 000 Streitern und zwingt sie durch seine Belagerungsmaschinen zu bedingungsloser Unterwerfung (III 107). Er selbst zieht wieder nach Laon zurück, und Verdun bleibt sein unbestrittenes Eigentum. Die Soldaten läßt er abziehen, die Fürsten hält er vorläufig gefangen und giebt sie seinen Verbündeten Odo und Heribert, die sie auf einem Schloß an der Marne in Gewahrsam halten, um für sich selbst die schwersten Zugeständnisse von ihnen zu erpressen.

§ 62. Auffallend ist es, daß Odo und Heribert unserm Gerbert die Erlaubnis geben, am 31. März 985 die Gefangenen zu besuchen. Denn wenn sie von seiner Vermittlung eine baldige Verwertung ihrer Beute, d. h. eine schnellere Auslösung der Gefangenen erhofften, sollten sie sich sehr täuschen. Gleich nach dem Gespräch sendet er nach allen Seiten seine Briefe mit Aufträgen der Eingeschlossenen. Durch ihn fordert Siegfried seinen Sohn (51), Gotfried seine Frau und seine Söhne auf (50), für seine Freigebung Odo kein Opfer zu bringen und treu an Otto III. festzuhalten: „die Feinde sollen an ihnen merken, daß sie nicht den ganzen Gotfried gefangen haben." Sie sollen Truppen zur Befreiung Lothringens aufbieten (47). Einem Unbekannten rät Gerbert, das Bündnis zwischen Deutschland und Hugo Capet herbeizuführen, welcher der wirkliche Herrscher Frankreichs sei (48). Über diese ganze Thätigkeit erstattet er dann Theophano Bericht. Er rühmt die Treue der Gefangenen, denen weniger ihre Gefangenschaft Kummer bereite, als der Gedanke, daß sie Theophano nicht dienen könnten (52); er erwähnt auch seine eigene Gefahr und Adalberos Not, der vielleicht zu seiner Sicherheit noch nach Deutschland fliehen müsse und für diesen Fall auf die Hülfe der Kaiserin rechne.

Während nämlich Gerbert sich frei bewegen darf, befindet sich Adalbero, wie er selbst sagt, zwischen Hammer und Ambos. Er wird im Auftrage Lothars streng bewacht und muß in seinem Sinne Briefe abfassen, deren Inhalt er dann heimlich durch Gerbert widerrufen läßt (49). Die Reimser Truppen liegen mit denen Lothars als Besatzung in Verdun, wo sie über schlechte Verpflegung zu klagen haben; und weil ihr Erzbischof der Bruder des Grafen von Verdun ist, erhalten sie gerade den Auftrag, zur militärischen Sicherung der Stadt das benachbarte Kloster von St. Paul zu zerstören (53). Die deutsche Regierung aber kann nicht einmal ihre Freunde in Lothringen, noch viel weniger die in Reims unterstützen. Einen deutlichen Beweis von Adalberos strafbarer Untreue behauptet Lothar darin zu haben, daß er ohne Lothars Genehmigung seinem Neffen Adalbero die Weihen erteilt hat, die ihn zur Übernahme des Bistums Verdun befähigen. Es sei eine Verletzung des Eides, daß der Neffe sein Bistum Verdun nicht vom französischen, sondern vom deutschen Könige erhalten habe. In einem besonderen Briefe weist Gerbert in Adalberos Namen diesen Vorwurf der Untreue zurück (57). Er erinnert daran, daß der Neffe den Eid Lothar, als dem Vormund Ottos III., geleistet und gehalten habe. Von den erst später erhobenen Ansprüchen Lothars auf den Besitz von Lothringen habe man ihm bei der Eidesleistung gar nichts gesagt.

§ 63. Indessen hat Lothars Macht ihren Höhepunkt überschritten, denn seine selbstsüchtigen Vasallen Odo und Heribert wollen die Eroberung von Verdun zu ihrem, nicht zu

(Marginal notes:)

Gotfried gefangen.

Gerbert schreibt Briefe für die Gefangenen.

Lage Adalberos.

Bedrängnis Lothars.

seinem Vorteil ausnutzen und schließen mit dem Erzbischof Adalbero vorläufig einen Waffenstillstand (60). Auch Hugo Capet, auf dessen Bündnis Gerbert von Anfang an Lothars
Gegner hinwies, wendet sich von ihm ab, wenn er sich auch öffentlich mit Lothar am
18. Juni 983 aussöhnt (59). Das wirkt wieder auf Deutschland zurück. Heinrichs alte
Freunde haben ihn noch nicht aufgegeben, und Ecbert scheint seinetwegen im April 985 in
Duisburg gewesen zu sein (55, 883); auf militärische Hülfe von dieser Seite kann er jedoch
nicht mehr rechnen und macht deshalb zu Frankfurt im Juli 985 endgültig Frieden mit Theophano, die ihm ihrerseits nun Baiern wiedergiebt (886).

In Lothringen kommt es trotz vieler Verhandlungen zunächst nicht zu dauernden   Ende Lothars.
Zuständen. Ecbert von Trier will es nicht mit Lothar verderben und schiebt deshalb die
Weihe des Bischofs Adalbero auch jetzt noch hinaus; andererseits mischten sich Gerbert und
Adalbero in einen Streit, den die Mönche von Fleury mit ihrem Abte hatten. Diese wollten
Oilbod, dessen Person und Leben sonst durchaus unanstößig war, nicht dulden, weil sie ihr
Wahlrecht im April 985 nicht frei hatten ausüben können [*)]. Adalberos wiedererwachendes
Selbstbewußtsein zeigte sich darin, daß er den Abt Majolus von Cluny um eine Untersuchung
bittet, die doch gegen den Schützling Lothars gerichtet war (69). Inzwischen ist der König
Anfang 986 erkrankt und nach längerem Fieber am 2. März 986 gestorben (75, III 109). Seine
Gegner in Reims, die ihm seit 978 entgegengearbeitet und dafür von seiner Seite manches
Unangenehme erfahren hatten, konnten sich über seinen Tod nur freuen. Erleichtert verfaßt
Gerbert, wir wissen nicht, ob auf Verlangen der Angehörigen, eine Grabschrift, die ihn als den
preist, zu dessen Dienst die Fürsten sich versammelten, den jeder Gute ehrte (75). Für Gerbert
endigt ein Abschnitt seines Lebens, der ihm viele Verdrießlichkeiten, viele Gefahren und wenig
Lohn eingetragen hatte.

§ 64. Auf einen Augenblick hat sich die äußere Lage der Reimser vollständig   Erste Zeit
Ludwigs V.
geändert, denn anfangs räumt Ludwig V. seiner Mutter Emma Einfluß auf die Regierung ein,
und deren Berater ist Erzbischof Adalbero; auch Gerbert schreibt für die Königin einen Brief an
ihre Mutter, die alte Kaiserin Adelheid (74). Die bei Verdun gefangenen Grafen sind alle, bis auf
Gotfried, in Freiheit gesetzt oder entkommen (71), aber dieser selbst wird von Odo noch gefangen
gehalten, und die fortdauernde Besetzung von Verdun ließ es vorläufig zu keinem Frieden mit
Deutschland kommen. Offenbar hat die deutsche Regierung jetzt weder Kraft noch Zeit, das Verlorene
wieder zu gewinnen, aber zuviel Selbstbewußtsein, um Verdun förmlich preiszugeben. Im
Auftrage des Bischofs Adalbero von Verdun schreibt Gerbert eine ernstliche Verwarnung
an die von Franzosen besetzte Stadt und fordert die guten Bürger zur Umkehr auf (79).
Auch andere Briefe zeigen einen Widerstand gegen die französische Regierung. Um den
durch Fürstengunst emporgekommenen Abt Oilbod zu stürzen, wendet sich Gerbert an Ebrard
von Tours, seinen Freund Constantin und wieder, wie zu Lothars Zeit, an den berühmten
Majolus (80, 86—88). Es gehörte viel geistliches Standesgefühl dazu, um von Ludwig zu verlangen, daß er den durch seinen Vater eingesetzten Abt, gegen den selbst seine Feinde keinen
anderen Vorwurf namhaft machen können, absetzen sollte, und der ganze Feldzug gegen Oilbod
konnte unmöglich ein gutes Verhältnis zu Ludwig befestigen. Übrigens war er auch ohne Erfolg, denn Oilbod bot allen Angriffen Trotz, bis er Ende 988 im Amte starb (142).

§ 65. Das Bedürfnis nach Frieden mit Deutschland konnte niemand mehr empfinden,   Ludwig V. durch-
schaut Adalbero.
als der gefangene Gotfried. Erzbischof Adalbero und Gerbert. Sie bitten deshalb Theophano (854,

sie wolle, wegen ihrer Verdienste um die deutsche Sache, bei den Friedensverhandlungen der Reimser Kirche gedenken; auch möge die Kaiserin ihnen durch vertraute Mitteilungen ermöglichen, ihre Sache nach besten Kräften zu fördern. Einige Monate später [9]) erfüllt Otto III. die erste Bitte und giebt am 29. November 986 dem Kloster S. Remigius zu Reims einige Besitzungen in den Niederlanden und im Elsaß zurück. Berater, welche nur die deutschen Interessen geheim und offen vertraten, konnte der französische König auf die Dauer nicht gebrauchen. Richer berichtet, wie sich Ludwig V. entschloß, auf Hugo Capet zu hören, weil sein Vater ihm das geraten habe (IV 1. 2). Vor ihm und den übrigen Fürsten verklagt er Adalbero, weil er Otto II. i. J. 978 unterstützt habe. Halb widerwillig gewährt ihm Hugo seine Hülfe, und der König zieht ganz unerwartet mit einem Heere gegen Reims (89): er droht die Stadt zu belagern und als eroberte zu behandeln, wenn er Widerstand finde. Der Erzbischof muß versprechen, sich einem Gericht der Fürsten am 27. März 987 zu unterwerfen, und bis dahin den Vitzthum Ragener und mehrere Grafen als Geiseln stellen. Nach Empfang der Geiseln läßt Lothar nur eine kleine Besatzung in Reims zurück und gestattet Adalbero volle Freiheit der Bewegung (93). Mögen die Beschuldigungen, soweit sie sich auf das Jahr 978 beziehen, im einzelnen anfechtbar gewesen sein: daß der von Ludwig erhobene Vorwurf im allgemeinen begründet war, zeigt Gerberts nächster Brief an Theophano (89), in welchem er sie um Hülfe und Verschwiegenheit bittet.

Gerberts Pläne. Bei Gerbert hatten sich kurz vorher einige Mönche des Klosters Bobbio eingefunden, um sich nach den Absichten ihres rechtmäßigen Abtes zu erkundigen. Gerbert dankt den Brüdern für ihre Treue und giebt ihnen einige Empfehlungsbriefe mit, kann ihnen aber keine bestimmten Aussichten machen (82, 83, 84). In einem gleichzeitig abgeschickten Briefe lesen wir die oft gehörte Klage, daß die Politik jetzt ein sehr gefährliches Gebiet sei, da in der verderbten Welt die Gewalt an Stelle des Rechtes trete (92). Theophano hat für den Frühling einen Feldzug gegen die Wenden geplant und Gerbert auf den 27. März nach Nimwegen beschieden; zum Herbst 987 hat sie einen Römerzug in Aussicht genommen, aber Gerbert, der seine Mannen aus Bobbio auch aufbieten soll, rechnet schon mit der Möglichkeit, daß ein Krieg gegen Ludwig V. dazwischen kommen könne (91). Denselben Gedanken spricht er als Wunsch aus in dem für Emma geschriebenen Briefe an Adelheid: auch Emma muß Ludwigs V. Ärger spüren und bittet ihre Mutter um Beistand gegen den eigenen Sohn, gegen welchen sie die Hülfe der Grafen Odo und Heribert in Aussicht stellt (97).

Friedens-
verhandlungen. § 66. Wider Erwarten zeigen sich jetzt bestimmte Aussichten zu einem Frieden, in welchem Deutschland Verdun ohne Entschädigung zurückerhalten soll (100). Obwohl Theophano den früher beabsichtigten Feldzug gegen die Wenden aufgegeben hat, macht ihr Gerbert doch einen Besuch (103), zum ersten und letzten Male seit dem J. 983. Er trifft sie vielleicht in Mainz (904), aber der Aufenthalt war nur von ganz kurzer Dauer. Vermutlich sprachen sie dort von den Verhandlungen über den Frieden zwischen Deutschland und Frankreich, an welchen Adalbero am 25. Mai teilnehmen wollte, wenn er acht Tage vorher selbst erst seinen Streit mit Ludwig V. beigelegt hätte (101).

Ludwigs V. Tod.
Hugos Wahl. Ehe alle diese Pläne sich verwirklichen konnten, fiel der junge König Ludwig auf der Jagd und starb am 22. Mai 987 an den Folgen des Unglücks. Diese Nachricht rief Gerbert unerwartet schnell aus Deutschland zurück. Als die französischen Fürsten nach dem Begräbnisse über die von Ludwig V. gegen Adalbero erhobenen Vorwürfe entscheiden sollten, führte Herzog Hugo den Vorsitz (IV 6). Der Ankläger war tot, und trotz dreimaliger Aufforderung wagte es niemand, seine Rolle zu übernehmen, und der Erzbischof ging offiziell gerechtfertigt aus diesem Prozesse hervor. Weil Ludwig V. keinen Sohn hinterließ, glaubte man der Rücksicht auf das Geschlecht der Karolinger enthoben zu sein. Schon lange hat Gerbert in seinen Briefen Hugo als den bezeichnet, der in Wirklichkeit König von Frankreich sei; und daß Gerbert an seiner Wahl schuld sei, „daß er die Könige einsetzte und absetzte," haben ihm seine Gegner später ausdrücklich zum Vorwurf gemacht. Es wäre an sich wohl möglich, daß Adalbero und Gerbert bei einer Wahl zwischen zwei Bewerbern denjenigen bevorzugten, welcher dem deutschen Hofe den meisten Nutzen versprach. Denn der französische Erzbischof verdankte deutschem Einfluß seine Stellung, und sein Berater Gerbert hatte Otto II. und nicht einem französischen Könige den Eid geschworen. Wenn aber jetzt Adalbero vor der Wahl Karls von Lothringen warnt und Hugo als den empfiehlt, der Frankreich glücklich machen könne, so tritt er für den ein, welcher, rein objektiv betrachtet, wegen seiner Macht und seiner Fähigkeiten die Krone am meisten verdiente. Was Lothar und seine Grafen Odo und Heribert dem deutschen Reiche durch einen Überfall entrissen hatten, konnte weder Karl noch Hugo Capet auf die Dauer behaupten, sobald wieder ein Mann auf dem deutschen Throne saß. Welche persönlichen Gründe Gerbert oder die deutsche Regierung bestimmten, Hugo vor Karl den Vorzug zu geben, können wir nicht bestimmt sagen, denn größere Rücksichtnahme konnten beide von Karl erwarten. Die Königswahl wird zunächst um einige Wochen verschoben; dann weisen die Fürsten auf Adalberos Rat Karls Bewerbung ab und wählen am 1. Juni 987 Hugo zum König.

Rückgabe von Verdun.

Noch ehe Adalbero am 3. Juli 987 zu Reims den ersten Capetinger salbte, ward endlich am 17. Juni 987 Gotfried aus der Gefangenschaft erlöst, in der ihn seit dem März 985 festgehalten hatte (103, I.). Früher hatten Odo und Heribert von ihm und seinem Sohne Adalbero den völligen Verzicht auf Verdun verlangt (59), dann wendeten sie sich von Ludwig ab und schlossen sich an Hugo an, um ihre Ansprüche selbständig zu verfechten, jetzt erreichen sie die Auslieferung von Dörfern des Bistums und das Recht, Burgen in ihnen anzulegen. Vergebens fragt Adalbero durch Gerbert bei der Kaiserin an, ob sie eine derartige Beeinträchtigung der Kirche und ihrer eigenen Macht dulden werde (103); denn die Kühnheit der Grafen gehe so weit, daß sie einen Überfall auf Theophano, die damals Chièvremont belagerte, vorhätten. War nun auch der Besitz des armen Bistums Verdun noch mehr geschmälert, als schon vorher, so konnte doch der Ende 984 ernannte Bischof Adalbero im Juni 987 wenigstens seine Stadt betreten. Da er schon Anfang 991 starb, giebt der Geschichtsschreiber von Verdun die Dauer seiner Regierung nur auf 3½ Jahre an (§ 22).

Politik.

§ 67. In einem Briefe aus der Zeit Ludwigs V. schreibt Gerbert an den Bruder Bernard in Aurillac (92): „Ich will es andern überlassen, zu entscheiden, ob es Erwähnung verdient, daß ich Italien verlassen habe, um nicht mit den Feinden Gottes und meines Herrn, des in Gott ruhenden Kaisers Otto, mich vertragen zu müssen, oder daß ich bisweilen die süssen Früchte meiner wissenschaftlichen Muße trefflichen Schülern zum Genuß darbiete". In der That, die Treue gegen die Kaiserfamilie und die Liebe zur Wissenschaft sind die Triebfedern seines Handelns auch nach dem Scheiden aus Bobbio. Für Theophano und ihren unmündigen Sohn ist er in Reims thätig gewesen unter Lothar und Ludwig, als Freund und als Feind der französischen Könige. Viele Briefe zeigen seine enge Freundschaft mit Erzbischof Adalbero, einzelne, daß er auch der Herzogin Beatrix und der Königin Emma nahe stand. Das Ziel seiner Wünsche ist und bleibt eine Stellung in Ottos III. Dienst; und es macht ihn unglücklich.

c*

daß seine Liebe nicht die volle Gegenliebe findet. Er sieht weder Anerkennung noch Lohn,
die ihn für die Gefahren und Unannehmlichkeiten entschädigen könnten (91. 92). Auch die
endlich ausgeführte Reise zu Theophano bessert seine persönliche Lage nicht.

Lehrthätigkeit. Unter den „Früchten seiner wissenschaftlichen Muße" versteht er hier die schon § 40.
genannten Tabellen für den Unterricht in der Rhetorik. Es ist sehr glaublich, daß ein
solches Werk aus der Praxis der Schulstube hervorgegangen ist; sonst haben wir keinen bestimmten Beweis für eine wirkliche Lehrthätigkeit, wohl aber für seine fortdauernde Liebe
zu Schülern und Lehrern. Er verfaßt eine Grabschrift für den Schüler Adalbert, den am
24. Februar 984 das Geschick in der Blüte der Jugend dahinraffte (77) Mehrere Briefe, meist in
Adalberos Namen, zeigen, wie er einen Mönch, der sich in Reims nützlich gemacht hat, in
gefährlichen Zeiten nicht ziehen lassen will (§ 35). Um seine und Adalberos Bibliothek zu mehren,
nimmt er die Hülfe seiner Freunde in Rom (40) und Tours (44), in Der (81) und Fleury (86)
in Anspruch; sie sollen auf seine Kosten Bücher abschreiben lassen und ihm zusenden.
Verliehene Bücher fordert er von den säumigen Mönchen in Blandinium tadelnd zurück (96),
und da sie auch nachher noch zögern, sendet er in Adalberos Namen einen geharnischten Brief,
der mit den Worten der ersten Catilinarischen Rede anhebt (105): „Wie lange wollt ihr unsere
Geduld mißbrauchen, ihr, die ihr einst für die treuesten Freunde galtet? Liebe erheucheln eure
Worte, und ihr selbst sinnt auf Raub. Warum zerreißt ihr die heiligste Gemeinschaft?" Wie
er selbst sich keine Mühe verdrießen läßt, andern die Ergebnisse seiner Studien in möglichst
klarer Form mitzuteilen, so verlangt er auch von den andern Entgegenkommen, und ist ent-
rüstet, wenn er statt dessen Nachlässigkeit findet.

VI. Unter Hugo Capet bis zur Absetzung Arnulfs. 987—991.

Wahl Roberts.
Hugos Anfang. § 68. Nach so viel Kampf und Streit atmen die ersten Briefe aus Hugos Zeit eine
wohlthuende Ruhe. Als Zeichen seiner Freundschaft hat Eckert von Trier für Reims ein kost-
bares Kreuz herstellen lassen, das Adalbero selbst in Empfang nehmen will (104). Nur starke
Regengüsse, von denen auch die Jahrbücher erzählen, hindern den alten Mann an der beabsichtigten Wallfahrt (106. 109), bis dann am Ende des Jahres der Krieg und Eckerts Krankheit
die Ablieferung noch weiter verzögern (114. 126). Um seinen Thron zu befestigen, sucht Hugo
den Erzbischof für die baldige Wahl seines Sohnes Robert zum König zu gewinnen und begegnet
den dawider erhobenen Bedenken mit der Erklärung, er wolle den Markgrafen Borell gegen
die Saracenen unterstützen und müsse einen Nachfolger haben, falls er in diesem Feldzuge um-
komme So zieht Adalbero seinen Widerspruch zurück, und Robert wird, wir wissen den Tag
nicht genau, gewählt. Nach der Wahl verfaßt Gerbert einen Brief an die oströmischen Kaiser,
in welchem Hugo für seinen Sohn um die Hand einer byzantinischen Prinzessin bittet (111).
Auch Borells Brief beantwortet er und stellt für Ostern 988 Hülfe in Aussicht, doch war Hugo
später nicht imstande, seine Zusage zu erfüllen.[12]

Abfall Karls. Denn der Wechsel der Dynastie vollzog sich nicht so ruhig, wie man wohl gehofft
hatte. Zwar, daß Erzbischof Siguin von Sens Hugo nicht gleich huldigte und sich erst von Gerbert
in Hugos Namen dazu auffordern läßt, scheint mehr Zufall als Absicht gewesen zu sein (107).
Aber Karl von Niederlothringen selbst war nicht gewillt, auf den Thron seiner Väter zu verzichten.

Des Beistandes seiner Freunde gewiß, erscheint er eines Abends vor den festen Mauern von Laon, wo sein Bruder und Neffe so oft residiert hatten. Einige Bürger der Stadt, auch der spätere Erzbischof Arnulf und der Presbyter Adalger lassen ihn in die Stadt ein, wo er u. a. die Königin Emma gefangen nimmt.[1] Auch der Bischof Adalbero (Ascelin, Azolin) von Laon wird auf der Flucht eingeholt und im Turm der festen Stadt gefangen gesetzt. Natürlich bietet Hugo eiligst ein Heer auf und schließt im Herbst 987 Laon ein, aber der Winter nötigte ihn, die Belagerung abzubrechen und die Fortsetzung auf das Frühjahr 988 zu verschieben (IV 19, § 19).

§ 69. Während die Jahreszeit zum Einstellen der Feindseligkeiten nötigt, läßt Hugo **Unterhandlungen** seinen Sohn am Weihnachtstage 987 zum König krönen. In dieser Zeit fehlt es auch nicht an dem Versuche zu einem gütlichen Ausgleich; ein solcher bedeutete ja ein Nachgeben und eine Schwächung der Capetinger, aber da der Friede mit Deutschland immer noch nicht zu stande gekommen war, befand sich Hugo in Bedrängnis. Gerbert hat bisher den Königen Dienste geleistet, ohne amtlich von ihnen abhängig zu sein, und dem jungen Könige mochte er, als seinem früheren Schüler, noch besondere Teilnahme entgegenbringen; aber es fehlte ihm auch nicht an alten Beziehungen zu Karl, den er im Frühjahr 987 in Ingelheim am deutschen Hofe getroffen hatte (32, 115, 122). So erklärt er sich auf eine Anfrage Karls jetzt zur Vermittlung bereit, und nach einer Zusammenkunft mit ihm sandte er für die gefangene Königin Emma einen Brief an Theophano (119). Seine eignen Aussichten erscheinen ihm günstiger, als bisher, und er erhofft von der Gunst der Fürsten in nächster Zeit thatsächlichen Vorteil. Auf eine Rückkehr nach Bobbio hat er innerlich verzichtet (130), statt dessen empfiehlt ihn Erzbischof Adalbero der Kaiserin als zuverlässigen Bischof für ein in Lothringen frei werdendes Bistum (117); es ist kein bestimmtes in Aussicht genommen, aber gleich dahinter steht ein Aufruf, der vorkommenden Falles an die Geistlichkeit und Gemeinde einer solchen Stadt zu senden wäre (118).

§ 70. Weil die Unterhandlungen zu nichts führten, nahm Hugo die Belagerung von Laon **Zweite** im Frühling 988 mit 8000 Rittern wieder auf (IV 21). Auch die Truppen von Reims sind aufgeboten; **Belagerung von** vermutlich lag der Erzbischof selbst, sicher Gerbert mit ihnen vor der Stadt. Die Unregel- **Laon.** mäßigkeiten des Lagerlebens und die furchtbare Hitze, die in den Hundstagen des Jahres 988 das nördliche Europa heimsuchte, ließen ihn am Fieber schwer erkranken, und vielleicht stammt aus dieser Zeit auch die tötliche Krankheit Adalberos. Theophano hatte den Notschrei der gefangenen Königin Emma gehört und während der Belagerung einen Waffenstillstand herbei- zuführen versucht (119, 120). Karl weist ihre Einmischung zurück, und unter Hinweis auf diese hartnäckige Unversöhnlichkeit fordert Hugo Theophano auf, mit seiner Frau am 22. August zu Stenay, einem deutschen Grenzorte an der Maas, zusammenzutreffen. Theophano war noch am 9. August in Frankfurt (909), doch ging sie auf Hugos Vorschlag nicht ein, sondern begab sich nach Sachsen. Während Hugo mit seinen Maschinen die Stadt zu bezwingen hofft, machen die Belagerten in der Mittagsglut am 25. August 988 einen Ausfall und stecken das Lager samt allen Vorräten in Brand (121, IV 23).

Hatte sich Hugos Macht zweimal an dem Felsen von Laon gebrochen, so durfte Karl **Unterhandlungen.** versuchen, das Reich seiner Väter ganz oder teilweise wieder zu erobern. Die geschäftige Fama sprach schon von seinem Angriff auf die alte Krönungsstadt Reims, dessen Erzbischof sich ja Karls Wahl widersetzt hatte. Noch war Adalbero im ungestörten Besitze seiner Stadt, aber er fühlte sich so ernstlich bedroht, daß er sich bald nach militärischer Hülfe umsah (121, 125, 131). Für Karl ist auch jetzt seine Freundschaft wichtiger, als die Eroberung der Stadt Reims, doch erhält er auf seinen ersten Brief keine Antwort. Eine zweite Anfrage wagt Adalbero nicht einfach zu ignorieren und schlägt seinen Neffen, den Bischof Adalbero von Verdun, zur Vermittlung vor (Br. 122 nach Havets Lesung). Unterdessen nutzen auch Odo und Heribert die Notlage des Erzbischofs aus, um ihn zur Erfüllung der früher gegebenen Versprechungen zu zwingen (129). Hugo schließt mit Karl einen Waffenstillstand, welchen er bis zum 18. Oktober verlängert; da aber die Verhandlungen mit Karl sich zerschlugen, mußte er für den 18. Oktober eine dritte Belagerung in Aussicht nehmen (132. 135).

Gerberts Studien. § 71. Inmitten dieser politischen Verwicklungen, die uns allein aus Gerberts Briefen bekannt sind, behielt er noch Zeit und Lust für seine Wissenschaft und seine Bibliothek. Während der Verhandlungen mit Karl sendet er im J. 988 an den Abt Rannulf Geld zur Fertigstellung einer Abschrift, deren Umfang er nicht gekannt hatte, „und wenn ihr es wünscht, werden wir mehr schicken, bis ihr nach Vollendung des Werkes erklärt: es genügt" (116). Während der Belagerung von Laon, wo er erschöpft und vom Fieber heimgesucht ist, bittet er Tetmar in Mainz um Ausfüllung einer Lücke in Boethius de interpretatione I, die sich auch noch in unseren Handschriften befindet (123). Von seinem getreuen Mönch Rainard verlangt er aus Bobbio eine Abschrift von Boethius, Victorius oder Victorinus und Demosthenes' Buch über Augenheilkunde (130). Ausführlich beantwortet er dem Bruder Remigius in Trier eine arithmetische Frage und ist auch erbötig, eine Sphäre zu schicken, wenn er dafür eine Achilleis des Statius erhalte (§ 45).

Befreiung der Gefangenen. Weniger gedient ist mit den Tröstungen der Philosophie und der Religion den beiden Gefangenen in Laon. Ihre Freunde, d. h. die Feinde Karls, lassen es an Trost und guten Ratschlägen nicht fehlen, bis schließlich Bischof Adalbero im September 988 sich selbst hilft, indem er aus einem Fenster der Burg entkommt und sich zu Pferde rettet (IV 20). Um sich vom Verdacht eines Einverständnisses mit Karl zu reinigen, begiebt er sich sofort zu Hugo; hier scheint ihn Gerbert getroffen zu haben, der in seinem Namen an den Erzbischof Adalbero schrieb[44]. Endlich entliess Karl die gefangene Königin Emma aus ihrer Haft, nachdem sie lange vergebens den Beistand der beiden Kaiserinnen angerufen hatte (128. 132. 147).

Erzbischof Adalberos Tod. § 72. Wenn Gerbert auch Briefe für Hugo, Bischof Adalbero von Laon und für die Königin Emma verfaßte und die Beziehungen dieser mit dem deutschen Hofe aufrecht erhielt, so unterstützte er doch in erster Linie den Erzbischof Adalbero. Unter ihm hatte er erst zehn Jahre als Scholasticus, dann fünf andere als sein Gehülfe gedient. Seine Pflichten sind in diesen letzten Jahren weniger umgrenzt, sein Einfluß aber um so größer, je mehr Adalbero der Unterstützung in seinem Amte bedurfte (108. 110. 113. 133. 139. 145). Wir wissen nicht, daß das gute Einvernehmen zwischen ihnen je gestört wäre, und Gerbert selbst sagt, sie wären ein Herz und eine Seele gewesen, und die Feinde hätten, so lange er (Gerbert) lebte, Adalbero nicht für tot gehalten. Der Erzbischof sandte Gerbert als seinen Vertreter auf Reisen, u. a. auch einer auf den 12. Februar angesetzten Bischofswahl (149). Da Adalbero immer schwächer wurde, beschäftigte ihn in seinen Fieberträumen die Sorge, daß Herzog Karl einen Angriff auf Reims machen und die Stadt besetzen könnte; deshalb sendet er um schleunige Hülfe an Hugo, der wenige Stunden vor Adalberos Tode, am 23. Januar 989, in der Stadt eintraf (IV 24).

Arnulfs Wahl. § 73. Der König nahm an Adalberos Begräbnis Teil und überließ den Reimsern die Wahl des neuen Erzbischofs, nachdem sie ihm versprochen hatten, die Stadt gegen Karl zu verteidigen. Als Gerbert nach Reims zurückkehrte, erfuhr er, daß der Verstorbene ihn zum Nachfolger empfohlen hatte. Auf Bobbio hatte er längst innerlich verzichtet (163), und an Reims fesselte ihn langjährige Gewohnheit und ein bedeutender Privatbesitz (124? 178. Conc. Mosom. S. 248). Ein deutscher Bischof fordert ihn jetzt auf, „keines Königs oder Bischofs Vorteil dem Ottos III. vorzuziehen", indes verlangt Gerbert vergeblich bestimmtere Zusagen. Man legte Wert auf seine Hülfe, aber die gewünschten Dienste konnte er in Reims besser leisten, als in einer deutschen Stadt (150). So verraten die Briefe aus diesen Tagen eine große Aufregung, doch läßt er sich auch jetzt zur Beantwortung einer gelehrten Frage herbei (151. 162. 153. § 45). Da die Friedensverhandlungen zwischen Otto III. und Hugo auf die ersten Monate von 989 verschoben waren (138), konnte auch für Frankreich Gerberts Hülfe nur erwünscht sein. Er zweifelte denn auch an Hugos Zustimmung zu seiner Wahl nicht, bis er erfuhr, daß dieser Lothars unehelichen Sohn Arnulf ihm vorziehe. Der kranke Bischof Adalbero von Verdun, der ihn eben wegen seines Leidens um Rat gefragt hat, erweist ihm den Gefallen, einen von Gerbert geschriebenen Brief an Hugo zu senden, in welchem er ihn warnt, einem Unzuverlässigen die wichtigste Stadt seines Reiches zu geben (151). Hugo selbst verkannte die Gefahr nicht, aber er hoffte ja, durch die Wahl Arnulfs den immer wachsenden Anhang der Karolinger mit seiner Herrschaft auszusöhnen. „Weil man dem letzten Nachkommen des alten Königsgeschlechtes irgend eine Würde verleihen müsse", empfiehlt er Arnulfs Wahl (IV 28), doch muß dieser sich vorher durch feierlichen Eid, durch die eigne Unterschrift und die Bürgschaft seines Verwandten, des Bischofs Bruno von Langres, zur Treue gegen Hugo verpflichten [1]).

§ 74. Äußerlich leistete Gerbert dem neuen Erzbischof dieselben Dienste, wie dem alten, **Gerbert bleibt in Reims.** und verfaßte für ihn sogar die Wahlurkunde (155). Erzbischof Adalbero, so sagt er später (S. 247), habe ihm anempfohlen, in Reims zu bleiben, bis er seinen Nachfolger kennen gelernt habe. An Versuchen, auf ehrenvolle Weise ein anderes Unterkommen zu finden, läßt Gerbert es nicht fehlen; er erinnert die Freunde in Deutschland an seine Verdienste um Theophano und Otto III. Das von Otto II. verliehene Geschenk (Bobbio) sei ihm wieder geraubt, und nachher habe er für alle Treue auch nicht das geringste zum Lohn erhalten. Man möge ihn, der bisher Ciceros Lehren getreu gewesen sei, nicht durch Vernachlässigung zum Nachahmer Catilinas machen (158. 159).

Trotz der heiligsten Eide zogen die Bande des Blutes den Erzbischof Arnulf doch zu **Arnulf verrät Reims.** seinem Oheim Karl hin, der immer noch mit Hugo Krieg führte. Im August oder September 989 öffnet der Presbyter Adalger den Soldaten Karls die Thore von Reims; Arnulf ist im Einverständnis mit ihm, aber er stellt sich überrascht und wird gefangen nach Laon geführt [16]). Nach einiger Zeit schwört er dann seinem Oheim Treue, kehrt in seine Stadt zurück und erkennt Karl als seinen Oberherrn an. Vor der Welt behauptet er, durch Arnulf gewaltsam zum Ungehorsam gegen Hugo gezwungen zu sein, und hält an dieser Fiktion seinerseits fest (178). Um den Schein zu retten, fordert er die Plünderer von Reims zur Genugtuung und Buße auf (Acta 12), aber gleichzeitig verkehrt er ganz offen mit den Leuten, welche die Bischöfe seiner Diöcese aus dem gleichen Grunde mit dem Anathem belegt hatten (Acta 14).

§ 75. Gerbert hatte, wie die anderen angesehenen Leute in Reims, dem König Hugo **Gerbert bleibt bei Arnulf.** Treue geloben müssen (168), doch verpflichtete ihn dieses Versprechen natürlich nicht dazu, die Stadt sofort zu verlassen, als sie von Karls Anhängern besetzt war. Hugo hatte die wohlbegründeten Hoffnungen Gerberts auf das Erzbistum durchkreuzt und besaß auf seine Dankbarkeit keinen Anspruch; überhaupt sollte es sich erst noch zeigen, ob er den Thron zu behaupten verstand. Es ist deshalb natürlich, daß Gerbert zunächst ruhig in Reims blieb; er war nicht mehr der bedürfnislose Mönch, er war ein wohlhabender, fast reicher Mann geworden, seit langer Zeit in Reims heimisch, und dies alles gab er preis, wenn er jetzt als Karls Gegner seinen Wohnort verließ (178). Anfangs hat er in einem vertraulichen Briefe Karl als den bezeichnet, der das Vaterland heimsuche (163); nach Arnulfs Rückkehr läßt er sich bald von diesem umstimmen und fordert den Bischof Adalbero von Laon auf, sich dem „rechtmäßigen Thronerben Karl" wieder zuzuwenden (161). Der Erzbischof zieht ihn auch wieder zu den Geschäften heran, und dabei mußte ein Mann von Gerberts Bedeutung offen Farbe bekennen; er mußte sich früher oder später für Karl oder Hugo entscheiden. In diesem Kampfe der Pflichten zog er für einige Zeit das Nützliche dem Guten vor, wie er mit Anspielung auf Cicero in einem Briefe sagt (170), d. h. er unterstützte Arnulfs Politik, um seinen Privatbesitz nicht zu verlieren, vielleicht auch, weil er sich dadurch Theophanos Dank zu verdienen hoffte (Acta 31).

Er begiebt sich zu Hugo.

§ 76. Auf Arnulfs Treue hatte Hugo verbriefte Ansprüche. Wenn Karl, so schreibt er an Arnulf, diesen persönlich zur Untreue gezwungen habe, hätte Arnulf doch nicht auch die Bürger und Ritter mit verleiten dürfen; und wenn er gefangen sei, warum wolle er sich nicht befreien lassen. Deshalb nahm Hugo von Arnulfs Ausflüchten keine Notiz und beschwerte sich im Dez. 989 beim Papste, doch bei den traurigen Zuständen in Rom bekam er von dort keine Antwort (217. Seite 220). Nun war Gerberts Stellung nicht mehr zu behaupten, denn Hugo verlangte auch von ihm die versprochene Treue, und in Reims hatte ein Mann von seinem Ansehen nur als Anhänger Karls noch eine Stätte. Daß Arnulfs Mitschuld an dem Verrat unzweifelhaft sei, scheint Eckbert von Trier und Arnulfs eigener Verwandter, Bischof Bruno von Langres, Gerbert klar gemacht zu haben (168. 171. 172. § 73). Wäre er noch als Lehrer thätig gewesen, so konnte dieses Amt sein längeres Bleiben entschuldigen und hätte das vor seinem Gewissen und vor der Welt gethan. Er selbst ist ehrlich genug, sein Verhalten gar nicht zu beschönigen, sondern er schreibt im März 990: „Beim Streben nach weltlichem Erfolge bin ich zum Verbrecher geworden" (168). Längst mit sich selbst unzufrieden, wollte er nicht anderen verächtlich werden und begab sich deshalb im März oder April 990 zu Hugo, wo er mit Ehren aufgenommen wird und bald einigen Einfluß gewinnt (166. 171. 172. 177). Mehrere Briefe schreibt er nach Deutschland, um den Frieden zu vermitteln (174. 175), und er wohnt einer Synode bei, welche die in Reims eingedrungenen Anhänger Karls bedroht (176). Dann sendet er dem Erzbischof einen förmlichen Absagebrief (178): er könne unmöglich Arnulf und Karl, der diesem Gewalt angethan habe, zugleich treu sein. Seine Häuser samt dem Hausrat und die ihm übertragenen Kirchen empfiehlt er Arnulfs Schutz; wenn er sie anderen schenke, droht er ihm nach Kräften schaden zu wollen.

Arnulf und Karl gefangen.

§ 77. Sonst wächst Hugos Verlegenheit von Tag zu Tag; die Verwandten seiner Schwiegertochter Susanna und der stets ungetreue Graf Odo machen ihm das Leben schwer (IV 49. 74. Conc. Mosom. 249). Gegen Karl bringt er zum vierten Male ein Heer zusammen, doch wagt er gar keine Schlacht; und eine neue Gesandtschaft an den Papst kehrt unverrichteter Sache wieder heim (IV 37. Acta 27). Beendigt wurde Hugos Not durch Bischof Adalbero von Laon, der von tiefem Haß gegen Karl erfüllt war und sich an ihm wegen seiner langen Gefangenschaft rächen wollte. Er übernimmt die Vermittlung zwischen Hugo und seinen Gegnern, indem er zuerst dem Erzbischof Arnulf Verzeihung für alles bisher Geschehene erwirkt. Hugo nahm ihn freundlich auf und stellte nur die eine Bedingung, daß er in Zukunft treu bleibe (IV 45. Br. 217. S. 205). Durch diesen Erfolg gewinnt der Bischof auch das Vertrauen Karls der ihm die Rückkehr nach Laon gestattet. Noch am Palmsonntag 991 trinkt Adalbero auf Karls Wunsch den Kelch und schwört dabei. Treue zu halten; sonst wolle er wie der Verräter Judas umkommen. Und trotzdem liefert er ihn in der nächsten Nacht durch schmählichen Verrat an Hugo aus. Mit Herzog Karl darf Hugo nach eigenem Ermessen verfahren und setzt ihn und seine Familie gefangen.

§ 78. Den mit Karl in Laon gefangenen Erzbischof Arnulf überweist er zur Unter- Synode zu Verzy.
17. Juni 991. suchung und Aburteilung den französischen Bischöfen, die sich auf seinen Wunsch am 17. Juni 991 im Kloster des Heiligen Basolus zu Verzy, 2—3 Meilen südöstlich von Reims, versammeln. Hier hat der Erzbischof Siguin von Sens den Ehrenvorsitz, während die eigentliche Leitung der Verhandlungen dem beredten Bischof Arnulf von Orléans oblag. Ein weltliches Gericht hätte in erster Linie feststellen müssen, ob Arnulf nach der von Hugo gewährten Verzeihung seinen Eid von neuem gebrochen hatte, wie es Gerbert später behauptet hat (Br. 217. S. 229); denn Arnulfs bloßes Zusammensein mit Karl ließ sich auch als ein loyaler Versuch, Frieden zwischen Karl und Hugo zu stiften, rechtfertigen. Das Geständnis über diesen wichtigen Punkt legte er aber nicht öffentlich, sondern vor wenigen Zeugen ab, die es als Beichtgeheimnis hüteten. Wenn diese betonen, sie fällen ihr Urteil nicht, um das Wohl der Könige, sondern um das des angeklagten Bischofs zu fördern, so dürfen wir annehmen, daß sie sich durch Arnulfs Aussagen auch von dieser Schuld überzeugt hatten. Übrigens war es für das von den Bischöfen eingeleitete Disciplinarverfahren nicht bindend, daß die Könige ihrerseits Arnulf die Strafen für die früheren Vergehen erlassen hatten. Wenn sie deshalb Arnulf als Meineidigen und Verräter absetzten, so hatte er dies Urteil vollauf verdient und konnte nur auf dem Gnadenwege, wie es nachher durch Gerbert geschehen ist, wieder in den Besitz des Erzbistums kommen. Den Vorwurf, daß Arnulf durch Drohungen zum falschen Geständnis gezwungen wäre, hat später der Abt Leo erhoben, ohne ihn damit bewiesen zu haben (Olleris S. 243). Arnulfs Verteidiger auf der Synode wissen nur einen Formfehler gegen die Verhandlung geltend zu machen. Sie fechten nicht die materielle Begründung an, sondern erklären mit Berufung auf eine ganze Reihe von päpstlichen Bullen, daß alle Urteile über Bischöfe der Entscheidung und Genehmigung des Papstes bedürften (Acta 21). Da nun aber König Hugo und die beteiligten Bischöfe seit achtzehn Monaten erfolglos den Papst zum Einschreiten gegen Arnulf aufgefordert hatten, veranlaßte dieser Anspruch einen scharfen Angriff auf Wissen und Wandel der letzten Päpste. welchem diese „Reimser Synode" ihre eigentliche Berühmtheit verdankt. Arnulf gesteht schließlich seine Sünden ein und muß sich am 18. Juni öffentlich, auch in Gegenwart der beiden Könige, schuldig bekennen; dann wird die Absetzungsurkunde verlesen, und er selbst entbindet Klerus und Volk von dem ihm früher geleisteten Eide der Treue.

VII. Gerbert als Erzbischof von Reims und Ravenna. Juni 991—April 999.

§ 79. Gerbert war auf der Synode ohne amtliche Stellung, wenn er nicht etwa Gerberts Wahl. das Protokoll geführt hat; jedenfalls saß er in der nächsten Nähe des Vorsitzenden und schrieb sich dessen Äußerungen und Reden auf (Acta 9. 28). Er selbst hatte keine Stimme abzugeben, und den Vorwurf, daß er im eignen Interesse die Absetzung Arnulfs betrieben habe, kann er mit

f'

Entrüstung und, wie wir glauben, auch mit gutem Gewissen von sich weisen (Br. 217. S. 229. Conc. Mosom. S. 246). Es war natürlich, daß man nach Arnulfs Absetzung Gerbert zum Erzbischof erwählte, denn von seiner Wahl hatte man nach Adalberos Tode nur aus politischen Gründen Abstand genommen. Ob er die Wahlurkunde selbst verfaßt hat, können wir bezweifeln (179); übrigens enthält sie ebenso wenig wie sein Glaubensbekenntnis irgend etwas auffallendes (§ 3.

Amtsgeschäfte. § 48 mit Anm. 341). Wie es dem Erzbischof von Reims zukommt, bezeichnet ihn eine Urkunde von 995 als Erzkanzler Frankreichs (Bouquet X 564). Seine eigenen amtlichen Briefe entsprechen den Anforderungen, die wir bei seinem Alter und bei seiner vieljährigen Übung in den Geschäften an ihn stellen dürfen. Da er selbst schon seit längerer Zeit nicht mehr in der Schule thätig ist, so legt er um so größeren Wert darauf, unterrichtete Leute an Reims zu fesseln (200). Seine Entscheidung in Ehesachen (195) zeugt von der Milde des erfahrenen Mannes; junge Heilsporne unter den Bischöfen ermahnt er streng zur Besonnenheit in Wort und Wandel und rät ihnen, durch fleißiges Studium ihr Urteil zu schärfen (202. 203. 206). Mönche und Laien, die sich Übergriffe gestatten, weist er mit großer Bestimmtheit in ihre Grenzen zurück (190. 199. 201. 207. 209).

Beziehungen zu Deutschland. 991—995. § 80. In demselben Augenblicke, wo er seine neue Würde erhielt, verlor er durch den Tod der Kaiserin vollends jede persönliche Fühlung mit Deutschland. Zwei Tage vor der Synode in Verzy war Theophano in Nimwegen am 15. Juni 991 verschieden.[4]) Nach ihrem Tode gewann Ottos III. Großmutter Adelheid nur für kurze Zeit Einfluß, und aus Ottos Umgebung kennt Gerbert nur den Markgrafen Hugo von Tuscien und vielleicht den späteren Bischof Leo von Vercelli persönlich (196). So treten für die ersten vier Jahre die Beziehungen zu Deutschland ganz zurück, bis er nach vergeblichem Ringen um seine Würde bei Otto III. eine Zuflucht sucht und findet.

Widerspruch des Papstes. Die Beschwerden Hugos und der gallischen Bischöfe hatten endlich Johann XV. (985—996) veranlaßt, den Abt Leo vom Bonifaciuskloster in Rom als seinen Stellvertreter über die Alpen zu senden. Er lud 992 die französischen Bischöfe vor eine Synode in Aachen, doch hatten sie ja Arnulf schon vorher abgesetzt und wären auch sonst schwerlich erschienen, da noch immer kein Friede zwischen den beiden Reichen geschlossen war (Ann. Col. SS. I 99). Nach Rom zurückgekehrt, veranlaßte Leo den Papst, die Bischöfe für den 3. Februar 993 nach Rom vorzuladen (? 3848). Da sie nicht kamen, sandte der Papst einen zweiten Gesandten, der das gegen Arnulf gefällte Urteil aufhob (im Jahre 993? SS. III 70). Gerbert weist im nächsten Briefe darauf hin, daß damit nicht er allein, sondern der ganze Klerus und der Friede des Reiches bedroht sei (191). Scheinbar geht König Hugo in einem von Gerbert verfaßten Briefe auf die Wünsche des Papstes ein, indem er ihm eine Zusammenkunft in Burgund oder Frankreich vorschlägt; er verspricht ihm die ehrenvollste Aufnahme, aber die Möglichkeit, daß Hugo selbst den Papst in Rom aufsuchen könne, erwähnt er gar nicht (188). Etwa gleichzeitig treten unter Roberts Vorsitz die französischen Bischöfe in Chelles an der Marne zusammen und beschließen einstimmig, daß eine Verfügung des Papstes, die der der Väter widerstreite, null und nichtig sei (IV 89 ohne bestimmte Zeitangabe). Dagegen forderten die in Ingelheim versammelten deutschen Bischöfe den Papst auf, die Beschlüsse von 991 nicht anzuerkennen (Richer IV 95. Im J. 994 nach SS. I 99. Stumpf 1023. Im J. 993 nach SS. III 69 u. 70. Stumpf 988—990). Trotz des Protestes der französischen Bischöfe exkommunicierte sie der Papst im Jahre 995 (?).

§ 81. Auf die erste Mitteilung von der Exkommunikation schreibt Gerbert an den Gerbert
verteidigt den
Beschluß
der Synode.
Erzbischof Siguin von Sens, den Ehrenvorsitzenden der Synode von 991, man müsse sich der falschen
Anklage erwehren und ruhig das Amt ausüben, da man sich sonst als schuldig bekenne (192). Gerbert
selbst ist für die Beschlüsse der Synode nicht verantwortlich, aber doch an ihrem Bestehen am
meisten interessiert. Denn wenn Arnulf seine Absetzung nicht verdient hatte und das Erzbistum
zurückerhielt, so bedeutete das für die anderen eine Richtigstellung ihres Urteils vor der Öffentlichkeit, die für den einzelnen nichts beschämendes hatte, aber für Gerbert den Verlust der bereits
vier Jahre genossenen Macht. Was war er allein dem Papst gegenüber? Auch auf die Könige
ist kein Verlaß; so bleibt nichts anderes übrig, als die Solidarität der Interessen Gerberts und Acta concilii.
der Bischöfe vor der Öffentlichkeit festzustellen und sie dadurch zu zwingen, mit ihm zu stehen
und zu fallen. Es galt der Gefahr vorzubeugen, daß erst einzelne, dann alle ihn im Stiche
ließen, und dazu arbeitet er das Protokoll der Synode nach seinen Aufzeichnungen und dem
amtlichen Bericht aus. Einzelne Äußerungen vereinigt er hier zu zusammenhängenden Reden,
deren stilistisches Verdienst somit er allein in Anspruch nehmen kann. Die Concilienbeschlüsse,
auf die sich die Bischöfe beriefen, führt er im Text oder als Anhang wörtlich an. Er versichert
in der Einleitung, daß er die Veröffentlichung vornehme, nicht aus Angst vor seinen Feinden,
sondern aus Gefälligkeit gegen seine Freunde, und in der That ist in den Akten selbst Gerberts
Name gar nicht erwähnt. Im eignen Namen ergänzt er das objektiv gehaltene Protokoll. Die, Briefe an Wide-
rold und Notker.
in der Einleitung versprochene, ergänzende Behandlung der beiden streitigen Punkte bietet er
Anfang 995 in einem ausführlichen Briefe an Bischof Widerold (Wilderode) von Straßburg,
welcher der Vertraute der Kaiserin Adelheid und später auch bei Otto III. sehr angesehen
war (217). Ihn bittet Gerbert unter Berufung auf seine früheren Verdienste, daß er die
deutschen und lothringischen Bischöfe seiner Sache günstig stimme, und zeigt, daß man mit
vollem Rechte die Entscheidung Roms nicht abgewartet habe, und daß Arnulf trotz der
früher von Hugo versprochenen Verzeihung die Strafe verdient habe. Auch an Notker, den
Bischof Leo, die Kaiserin Adelheid und an den Papst schreibt er zu seiner Rechtfertigung
(193. 196. 197. 204).

§ 82. Von der Gerechtigkeit seiner Sache überzeugt, wünscht Gerbert sehnlichst, daß Concil in Mouzon.
das vom Abt Leo i. J. 995 berufene Concil zu stande komme, denn es war die dritte Vorladung,
und wenn er dieser nicht folgte, konnte man ihn ungehört verurteilen (193). Aber aus Furcht
vor einem neuen Verrat des Bischofs Adalbero kommen Hugo und Robert selbst nicht, und sie
verbieten die Reise zum Concil auch den französischen Bischöfen (IV 96). So finden sich am
Sonntag vor Pfingsten (2. Juni 995) nur 4 deutsche Bischöfe, der Abt Leo, mehrere andere Äbte
und der Graf Gotfried von Verdun in der Marienkirche zu Mouzon ein. Aus Frankreich ist nur
Gerbert in Begleitung des Reimser Vicedominus erschienen. Seine Rede ist in der Hdschrift L
überliefert; er betont hier, wie er an Arnulfs Vergehen unschuldig und ohne sein Zuthun zum
Erzbischof gewählt sei. Da die Versammlung zu schwach besucht war, setzt sie eine neue Ver-
handlung auf den 1. Juli in Reims an, und sie bestimmt Gerbert auch, sich bis dahin des
Messelesens zu enthalten, damit er nicht durch scheinbaren Ungehorsam gegen den Papst
Ärgernis gäbe.

Der Abt Leo kannte bis dahin das von Gerbert abgefasste Protokoll der Synode zu Brief
des Abtes Leo.
Verzy noch nicht. Erst acht Tage nachher, zu Pfingsten 995, kam es, aber ohne die Einleitung, in seine Hände, und in der ersten Entrüstung über das ketzerische Buch verfaßte er

ۥ

auf der Reise zum Concil den klassischen Brief an die französischen Könige (§ 12). Seine Lobrede auf die Unbildung, sein souveränes Urteil über „Plato, Vergil, Terenz und das übrige Vieh von Philosophen, ohne deren Kenntnis der Heilige Petrus doch Thürhüter des Himmelreichs wurde, seine Berufung darauf, daß Gott sich das Thörichte ersehen habe, um das Starke niederzuschlagen", haben ihm bei der Nachwelt den Namen des Einfältigen eingetragen, den er bei seinem gesunden Verstande sonst nicht verdient. Das Concil sollte am 1. Juli 995, drei Wochen nach Pfingsten, im Remigiuskloster bei Reims stattfinden. Leider bricht hier Richers fortlaufende Darstellung auf Blatt 55 ab; nachträglich sind auf Blatt 57^v einige Ereignisse eingetragen, zuerst, daß zur festgesetzten Zeit die Synode in Senlis zusammentrat, wo in Gegenwart des Abtes Leo und vieler Anderen Gerbert und Arnulf persönlich ihre Sache verfochten. Auf dieses Concil muß sich „die Rede der Bischöfe" beziehen, „gehalten in concilio Causeio in Gegenwart des Abtes Leo" u. s. w.[48]). Die Überschrift deutet an, daß hier nicht die Rede eines einzelnen wiedergegeben ist, sondern daß Gerbert einzelne Äußerungen mehrerer Bischöfe in ihr zusammengefaßt hat, wie er das auch in den Akten von 991 gethan hat. Die Gründe gegen die Gültigkeit der ersten Synode werden noch einmal vorgetragen; ihre Verteidiger heißen Werkzeuge des Teufels, Nebenbuhler, Verleumder, Friedensstörer, Gottlose, denen kein Grund genügt, wenn sie nicht mit körperlichen Sinnen fühlen können, deren unverschämtes Ansinnen aber doch befriedigt werden soll. Betont wird hier, daß Erzbischof Sigwin als Vikar des Papstes den Vorsitz geführt habe. Die am Schlusse ausgesprochene Erwartung, daß Leo die Friedensstörer zur Ruhe weisen werde, geht nicht im Sinne Gerberts in Erfüllung.

§ 83. Der Papst erkennt Gerbert nicht an und untergräbt damit seine schon gesicherte Stellung in der eigenen Stadt und in der ganzen Diöcese: die bei Arnulfs Absetzung beteiligten Bischöfe halten zwar zu Gerbert, aber der neugewählte Bischof Erluin von Cambrai begiebt sich zur Bischofsweihe nach Rom, „weil er sie in der Heimat von seinem Erzbischof nicht erhalten kann" (SS. VII 449). Noch schlimmer wird die Lage dadurch, daß Gerbert sich weigert, für eine durch die Kirchengesetze verbotene Ehe des jungen Königs Robert mit seiner erzbischöflichen Autorität einzutreten (Richer). Was der frühere Lehrer nicht erlauben wollte, konnte Robert vielleicht durch Nachgiebigkeit gegen den Papst erreichen, und nur sein Vater Hugo hindert ihn zunächst an diesem für Gerbert verhängnisvollen Schritte.

Damals war Otto III., der Einladung des Papstes folgend, im J. 996 nach Italien gezogen (SS. III. 91), und hatte nach Johanns XV. Tode seinen Vetter Bruno zum Papst wählen lassen, der als Gregor V. den Thron bestieg. Da die Verhältnisse in Reims unerträglich waren, ging Gerbert um diese Zeit nach Italien, um sich vor dem Papste zu verantworten. Er verlangt sein gutes Recht, von dem er überzeugt ist, aber, wie in Mouzon, ist niemand da, um ihn anzuklagen, und schon deshalb muß die so schmählich verlangte Entscheidung wieder auf eine andere Synode vertagt werden (Richer).

§ 84. Folgenreicher ist diese Romfahrt durch das erste Zusammentreffen mit dem jungen Kaiser. Otto III. hatte unter Leitung seiner Mutter von dem Griechen Johannes und dem späteren Bischof Bernward guten Unterricht, aber eine schlaffe Erziehung genossen. Theophano war in ihrer griechischen Heimat an die strengste Etikette und an eine absolute Handhabung der Macht gewöhnt, wie sie die Deutschen bei ihrem Könige nicht kannten. Sie nährte in ihrem Sohne die Vorstellungen und Wünsche seines Vaters, an welchen Otto II. festgehalten hatte, auch nachdem sein stolzes Heer im Kampfe um dieses Trugbild vernichtet war.

(Marginalien:)

Concil am 1. Juli 995.

Unhaltbare Stellung in Reims.

Versuch einer Rechtfertigung in Rom.

Zusammentreffen mit Otto III.

Ihr Sohn war auf italienischem, nicht auf fränkischem Boden zum Nachfolger bestimmt, bei seiner Wahl war kein Unterschied mehr zwischen deutschen und italienischen Fürsten gemacht. Nachdem er bei den Deutschen seine Kindheit verlebt hatte, zog der 15jährige Jüngling in das sonnige Italien, das so lange das Ziel seiner Sehnsucht gewesen war, und gleich nach seiner Kaiserkrönung am 21. Mai 996 ließ er durch seinen Lehrer Johannes beim oströmischen Kaiser um die Hand einer byzantinischen Prinzessin anhalten. Hier in Italien trifft ihn Gerbert, und an dieses erste Zusammensein erinnern vier kurze Briefe seiner Sammlung (213—216), die in der Zeit vom Juni bis August 996 im Namen Ottos III. geschrieben sind; vielleicht kamen sie auch nur durch einen Zufall unter Gerberts Briefe, da der junge Kaiser selbst die Feder wohl zu führen wußte. Feste Beziehungen zu Otto III. hat er noch nicht angeknüpft, doch schreibt er bald nachher an einen Unbekannten, er preise Gottes Barmherzigkeit, der ihm, dem heimatlosen, von der ganzen Welt verstoßenen Pilgrim, endlich eine Rast und einen festen Wohnsitz verheißen habe (205).

§ 85. Gerbert hat dem Befehle des Papstes gehorcht in der Voraussetzung, daß auf einer neuen Synode Arnulfs Absetzung bestätigt werde, und wenn auch seine Sache noch nicht zum Austrag gebracht ist, so können ihm selbst die Anhänger des Papstes keinen Vorwurf daraus machen. Die Entscheidung über Arnulf ist auf eine andere Synode vertagt, und bis dahin glaubt Gerbert das ihm übertragene Amt verwalten zu müssen (181). In Frankreich dagegen haben sich die Ansichten während seiner Reise geändert. König Hugo ist am 24. Oktober 996 gestorben, und sein Sohn Robert hat nun Bertha geheiratet; er hoffte wohl, die Genehmigung des Papstes zu erlangen im Austausch gegen eine Freilassung und Wiedereinsetzung Arnulfs, denn er wußte noch nicht, daß Gregor V. zu solchen Tausch- und Handelsgeschäften keine Neigung hatte. Die Bischöfe, welche unter Hugos Führung auf dem principiellen Rechtsstandpunkte stehen geblieben waren, werden jetzt schwankend. Um den ganzen unbequemen Handel mit einem Male los zu werden, beschließen sie Arnulfs Freilassung, die denn freilich von Robert erst später verfügt wurde. Damit sind die Anhänger der Karolinger und Arnulfs Freunde sehr einverstanden und haben den sehnlichsten Wunsch, den hartnäckig auf seinem Rechte bestehenden Gerbert aus dem Wege zu räumen. Ritter und Geistliche fangen an, ihn zu meiden und ihn verächtlich zu behandeln. Gerbert hatte aus Italien ein heftiges Wechselfieber mit heimgebracht, das ihn das ganze nächste Jahr nicht verließ (208. app. II), und deshalb eben erst eine Einladung der Kaiserin Adelheid abgelehnt [49]. Doch nun mußte er sich überzeugen, daß sein längeres Verbleiben in der Stadt weder der Gemeinde noch ihm nützen konnte, und er beschloß trotz seiner Krankheit „in der Verbannung" die Entscheidung abzuwarten. Vorher schreibt er noch an die Bischöfe von Metz und Verdun (211. 212) und empfiehlt dem Bischof Arnulf von Orléans die Fürsorge für seine Kirche (210).

§ 86. Gregor V. hatte die französischen Bischöfe im vorigen Jahre vor eine neue Synode geladen, welche er 997 in Pavia abhielt (zwischen 8. Febr. und 28. Juni. Jaffé S. 492), weil ihn Crescentius aus Rom vertrieben hatte. Wir kennen Gerberts sehnlichen Wunsch nach einer Entscheidung, und da Richer bezeugt, daß Gerbert zum zweiten Male nach Rom gegangen ist, haben wir anzunehmen, daß er auf dem Wege dahin den Papst in Pavia getroffen hat. Die Synode exkommuniciert die andern Bischöfe wegen ihres Nicht-Erscheinens und lädt auch den König Robert wegen seiner Ehe von neuem zur Verantwortung vor (S. S. III 694). Von den französischen Bischöfen ist Adalbero von Laon als Verräter Arnulfs mit Namen genannt.

(Randnotiz:) Gerbert verläßt Reims.

(Randnotiz:) Zweiter Versuch einer Rechtfertigung in Rom.

Gerbert als „Eindringling" (invasor) wird nicht unter den Ausgebliebenen erwähnt, und auch daraus dürfen wir schließen, daß er selbst auch hier seine Rechtfertigung versucht hatte.

Arnulf wird entlassen. Als päpstlicher Gesandter geht wieder, wie im Jahre 992 und 995, der Abt Leo nach Frankreich, und ihm verspricht der König Robert, in der Hoffnung auf die Erlaubnis zu seiner Ehe, den gefangenen Erzbischof Arnulf freizulassen. Weil die gehoffte Gegenleistung ausblieb, verschob der König die Ausführung seines Versprechens, bis Abbo von Fleury mit neuen Aufträgen des Papstes im Herbst bei ihm eintraf (Abbo 1. Migne 139. S. 419). Gregor setzte Arnulf dann vorläufig wieder ein, bis eine neue Synode über seine Schuld entscheiden würde: aber zu dieser ist es überhaupt nicht gekommen.

Erster Aufenthalt bei Otto III. 997. § 87. Da Gerbert erfuhr, daß König Robert ohne auf eine neue Entscheidung zu warten, aus persönlichen Rücksichten dem Abte Leo die Freilassung Arnulfs zugesichert hatte, kehrte er nicht wieder nach Frankreich zurück, sondern begab sich zu Otto III., der sich am 9. April in Aachen, am 1. Mai in Mainz aufhielt (1108. 1111). Dort forderte die französische Königin Adelheid Gerbert brieflich zur Rückkehr nach Reims auf, indem sie ihn für die Folgen seines Nichtkommens verantwortlich machte, worauf Gerbert antwortet, er wolle bis zur Entscheidung auf einem Concil in der Verbannung bleiben; während er den Umgang mit Robert und der Königin und die Freundlichkeit der französischen Fürsten und Bischöfe zu vermissen behauptet, rühmt er „die große Güte des Kaisers Otto, der Tag und Nacht mit ihm überlege, wie er den König Robert kennen lernen und ihn umarmen könne" (181). Um diese Zeit beglich Otto III. eine alte Schuld seiner Mutter, indem er Gerbert mit dem schönen Gute Sasbach bei Straßburg belehnte (183). Doppelt willkommen war diese Belohnung jetzt, wo Gerbert schweren Herzens von Reims geschieden war und mit der Möglichkeit rechnete, daß ihm seine, 6 Jahre lang mühsam behauptete, Würde zu Gunsten Arnulfs wieder entrissen würde.

Gerbert in Süddeutschland. § 88. Als Otto III. nach Sachsen in den Krieg gegen die Liutizen zog (SS. III 73. 776. 835), blieb Gerbert in Süddeutschland zurück. Die Nachrichten über die angeblichen Erfolge Leos in Frankreich beunruhigen ihn jetzt weniger, weil er darauf rechnet, der Kaiser werde eine Prüfung seiner Sache verlangen und ihm im schlimmsten Falle einen würdigen Aufenthalt im eigenen Lande gewähren (183. 184). Mit der größten Spannung und Sorge erbittet er Nachrichten vom Kaiser (219). In der Antwort bezeichnete ihn Otto als seinen geliebten Lehrer (218), doch trotz dieses Ausdrucks kaiserlicher Gunst, findet Gerbert · bei der Besitznahme des ihm geschenkten Gutes einen unerwarteten Widerstand. Er kann und will es nicht glauben, daß er beim Kaiser in Ungnade gefallen, oder daß Otto III. nicht Herr seines Willens sei (185): „In drei Menschenaltern habe ich Euch, Eurem Vater und Großvater unter den Geschossen der Feinde die lauterste Treue gezeigt; meine schwache Kraft habe ich der Wut der Könige, dem Wahnsinn der Völker entgegengestellt. In der Wildnis und Einöde, unter Angriffen der Räuber, von Hunger und Durst, von Hitze und Kälte gepeinigt, habe ich so gelebt, daß ich lieber sterben, als den damals gefangenen Sohn des Kaisers nicht auf dem Throne sehen wollte. Ich habe ihn gesehen und mich gefreut; könnte ich doch bis zum Ende mich freuen und mit Euch meine Tage in Frieden beschließen".

Berufung an Ottos III. Hof. § 89. Wir würden uns nicht wundern, wenn Gerbert durch den Ton, in welchem er die ihm vorenthaltene Belohnung verlangt, den Kaiser verletzt hätte. Doch Otto III. mochte seine Ansprüche als begründet anerkennen, und da er Gerbert früher schätzen gelernt hatte, berief er ihn zu sich an seinen Hof. Er wünscht den „erfahrenen Philosophen" von nun an stets in seiner Nähe zu sehen, damit er ihn unterrichte und ihm in der Regierung treuen Rat gebe. „Wir wollen, daß ihr unsere sächsische Roheit bekämpfet und die griechische Feinheit in uns ausbildet; denn wenn sich jemand findet, der ihn anfacht, wird man auch bei uns einen Funken griechischen Geistes finden." Mit einem Male sind Gerberts höchste Wünsche erfüllt; er schreibt, wenn er Otto unterrichte, so gebe er nur das zurück, was er von ihm und seinen Ahnen erhalten habe. In Otto III. vereinige sich griechisches Blut mit römischer Macht, und wie nach Erbrecht verlange er deshalb die Schätze griechischer und römischer Weisheit (187).

§ 90. So begab er sich im Sommer 997 zu Otto III., und trotz seines immer noch wieder-kehrenden Fiebers nahm er im Juli und August an seinen Rüstungen gegen die Slaven teil. Die Geschäfte und Sorgen des Amtes hatten Gerbert für einige Jahre seinem Lehrerberuf ent-fremdet, und noch im nächsten Winter äußert er das Bedenken, ob sich philosophische Schrift-stellerei wohl mit seiner Priesterwürde vertrage (Havet S. 237). Als der Kaiser in Magdeburg war, unterwies Gerbert ihn in der Arithmetik [*] und machte ihm die Lehren der Astronomie an einer Sphäre verständlich (§ 45). Otto liebte es, Gerbert und den anderen Gelehrten seines Hofes wissenschaftliche Fragen vorzulegen und sie darüber disputieren zu lassen; eine solche in Sachsen nicht erledigte Frage des Kaisers beantwortet Gerbert im nächsten Winter in der Schrift „über das Vernünftige und den Vernunftgebrauch", für deren Fragestellung also der junge Kaiser, nicht Gerbert verantwortlich ist (§ 38). Einer seiner Briefe zeigt uns, wie Otto hoffte, den Zug nach Italien noch verschieben zu können, bis er die Verhandlungen mit den Polen beendigt hätte (220).

Er unterrichtet Otto III.

§ 91. Doch die friedlichen Aussichten erwiesen sich als trügerisch, und Otto zog über Aachen und Trient nach Pavia, wo er in den letzten Tagen des Jahres 997 eintraf (1122—1133). Gerbert war stets in seinem Gefolge (comes individuus), und von dem Welt-reiche, das der Enkel Ottos d. Gr. erneuern müsse, hatte der alte Mann dieselbe Vorstellung wie der 17jährige Jüngling. Kriegerischer Ruhm und den Kampf für das Vaterland bezeichnet Gerbert als höchste Zierde des Fürsten (183). Mit der Kraft und dem Mute des Helden aber schien sich in dem jungen Otto, der wegen seiner Lerngabe das Wunder der Welt hieß, die wissenschaftliche Begabung zu vereinigen.

Gerbert zieht mit Otto III. nach Italien.

Auf dem Titelblatte in Otto's III. Evangelienbuche ist der Kaiser auf seinem Throne abgebildet (vgl. Henne am Rhyn, Kulturgeschichte I. 136). Da nahen sich ihm, Gaben bringend, vier Frauen, die Personifikationen seiner Länder, zuerst Roma, dann Gallia, an dritter Stelle Germania und zuletzt Sclavinia. Denselben Gedanken, welchen der Maler in dem Gebetbuch des Kaisers ausdrückte, spricht Gerbert Ende 997 in klassischer Form aus. Er sagt in der Einleitung zu seiner philosophischen Schrift, er erfülle des Kaisers Willen, damit „Italien nicht glaube, der kaiserliche Hof sei erstarrt, damit nicht Griechenland allein sich kaiserlicher Philo-sophie und römischer Macht rühme. Unser, unser ist das römische Reich, Kraft giebt uns Italien, reich an Früchten, Gallien und Germanien, reich an Rittern, auch der Scythen tapfere Reiche sind zu unserem Dienste bereit. Unser, unser bist du Cäsar, der Römer Kaiser und Augustus, der aus dem edelsten Blute der Griechen entsprossen (die Griechen an Macht übertrifft, über die Römer kraft Erbrechtes gebietet und beiden durch Geist und Beredsamkeit überlegen ist." Wir sehen, daß Gerbert hier nur die Gedanken ausspricht, mit denen ihn Otto zu sich gerufen hatte, und die der Künstler in seinem Gebetbuche ausdrückte. Hier wie dort steht Deutschland erst an dritter Stelle.

Ottos III. und Gerberts Ideen.

§ 92. Gerbert hatte seinen Bischofstitel im Verkehr mit Otto III. beibehalten (app. II), und da er alles gethan hatte, um seinerseits die Reimser Angelegenheit zur Entscheidung zu bringen, kann er an Ottos III. Hofe ohne Scheu dem Papste unter die Augen treten. Er erschien mit dem deutschen Heere vor Rom und war Zeuge davon, wie der Gegenpapst gefangen gesetzt und Crescentius auf der Engelsburg enthauptet wurde (1150). An demselben Tage erhielt Gerbert auf Ottos III. Fürsprache das Erzbistum Ravenna und für sich und seine Kirche einen Teil der Güter, welche zum Witwengut der Kaiserin Adelheid gehörten[3]). Als Erzbischof nahm er an der Synode in der Peterskirche teil, welche im J. 998 oder 999 den König Robert mit dem Banne bedrohte (Jaffé S. 494), und auf seine Anregung ward in Ober-Italien beschlossen, daß alle Pachtverträge über Kirchengut in Italien nur für die Lebenszeit des Inhabers gelten sollten (Stumpf 1166, Olleris S. 261). Als dann Gregor V. im Februar 999 gestorben war, machte der Kaiser, ohne die Römer viel zu fragen, seinen Freund Gerbert zum Papst.

VIII. Papst Silvester II. 2. April 999 bis 12. Mai 1003.

§ 93. Als Papst nahm Gerbert den Namen Silvester II. an und ließ seine Weihe am Palmsonntag 999 vollziehen.[32]) Seitdem die französischen Bischöfe zu Verzy die schweren Anklagen gegen den Papst erhoben hatten, waren noch keine acht Jahre vergangen. Inzwischen hatte sich die römische Kirche aus ihrer tiefen Erniedrigung erhoben: mit der Hülfe Ottos III. hatte sie die Herrschaft des Crescentius abgeschüttelt, und der neue deutsche Papst Gregor V. unternahm es mit jugendlicher Kraft, die gallische Kirche zum Gehorsam zurückzuführen. Die Vorwürfe, welche im J. 991 vollauf berechtigt waren, gehörten nun der Geschichte an; die von Arnulf damals gepriesene Zeit schien wiederzukehren, wo die Päpste durch Wissen und Wandel alle Menschen übertrafen, denn der Kaiser hatte Gerbert wegen seiner Gelehrsamkeit auf den Stuhl Petri erhoben. Durch seine Wahl zum Erzbischof von Reims war er für kurze Zeit in eine gegen Rom feindliche Stellung gedrängt, und, um sein Recht zu verteidigen, hatte er selbst die Akten der Synode von 991 herausgegeben. Aber sobald der Papst ihm Gelegenheit gab, hatte Gerbert sich zur Verantwortung gestellt und es lag nicht an ihm, daß es in Monzon, Rom und Pavia nicht zu einer rechtlichen Entscheidung über Arnulf kam. Das hatte Gregor V. anerkannt, indem er nach Arnulfs vorläufiger Wiedereinsetzung Gerbert das Erzbistum Ravenna verliehen hatte, und Silvester selbst beendigte den Streit um das Reimser Erzbistum, indem er auf dem Wege der Gnade Arnulf seine Würde endgültig zurückgab. „Die päpstliche Autorität solle den seiner Sünden wegen früher abgesetzten Erzbischof gegen alle Vorwürfe decken, auch gegen die des eigenen Gewissens" (Havet S. 239).

§ 94. Denkwürdig sind Silvesters letzte Jahre durch sein stetes Zusammenwirken mit Otto III. Die Urkunden sprechen oft davon[33]), und auf längere Zeit trennen sich die beiden nur, als Otto III. vom Dezember 999 bis Herbst 1000 seine letzte Reise nach Deutschland unternimmt. Es ist leider nicht möglich, Gerberts Einwirkung auf die Gedanken des Kaisers genau zu verfolgen: doch ist oben gezeigt, wie Otto III. lediglich die Pläne seines Vaters weiterführt, nur daß er mit viel größeren Ansprüchen und viel geringerer nachhaltiger Kraft auftritt. Die maßgebenden Leute seines Hofes, Hugo von Tuscien, dessen serviles Betragen schon zu Theophanos Zeit dem deutschen Chronisten so widerwärtig ist, der „Logothet" Leo von Vercelli, der den

eignen Vorteil so gut wahrzunehmen wußte, der getreue Heribert, dem der Kaiser die Geschäfte
des Kanzlers für Italien und Deutschland zusammen übertrug und dem er sie auch nach seiner
Wahl zum Erzbischof beließ, sie alle sind längst bei Otto III., als dieser Gerbert kennen lernt,
und sie behalten ihre alte Stellung neben ihm weiter. Auch die ersten entscheidenden Schritte
zur „Erneuerung des römischen Reiches", und zur Werbung um eine griechische Braut sind vor
Gerberts Eintreten in diesen Kreis gethan. Zur Mitarbeit an dem längst begonnenen Werke
hatte der junge Kaiser den erfahrenen Gelehrten berufen, und bei seinen Plänen „zur Herstellung der Republik" zog er auch den Papst mit seinen, der altrömischen Litteratur entlehnten,
Vorstellungen zu Rate (1198). Wie weit Gerberts Einfluß da geht, ist bei dem Fehlen von
Briefen aus dieser Zeit nicht zu bestimmen, doch thun wir gut, ihn nicht zu hoch anzuschlagen;
aber sicher ist er nicht verantwortlich für die asketischen Neigungen und die wochenlangen
Bußübungen Ottos III., die seiner Regierung und seiner Gesundheit so nachteilig waren. Auch
beim Kaiser paßt diese mystische Demut schlecht zu dem ungezähmten Ehrgeiz: Gerbert kennen
wir aus seinen Briefen genau, und wenn er auch mit Otto in der Fastenzeit des Jahres 1001 in
dem Kloster von S. Apollinare in Classe bei Ravenna sich aufhielt (1254), so vergaß er doch
über dem Beten das Arbeiten nicht und konnte in dieser Beziehung dem Kaiser kein Vorbild
sein. Es wäre auch unrecht, einem Adalbert und Burchard, Nilus und Romuald diesen Einfluß
abzusprechen, den ihre Biographen mit solchem Wohlgefallen als Verdienst ihrer Helden für
sie in Anspruch nehmen (SS. IV 591, IV 833, 41. IV 617, 44. IV 849, 44).

§ 95. Nach Ottos III. Wunsche sollte Rom wieder die Herrin der Welt sein,
und der Vers:

Roma
caput mundi.

Roma caput mundi regit orbis frena rotundi

ziert seine Krone und schmückt die Kapseln seiner Siegel. Den Adel der „goldenen Roma"
bezeichnet der Kaiser als Senat, und in seinem Palast auf dem Aventin finden wir griechische
Würden mit altrömischen Titeln, unter denen selbst ein Admiral, wenn auch zunächst ohne
Flotte, nicht fehlen darf. In Rom entscheiden Kaiser und Papst gemeinsam über den Markgrafen von Barcelona, den Bischof von Vich (nicht Ausa) und den König von Frankreich. Die
Zeiten des alten römischen Reiches, dessen Macht Otto erneuern wollte, schienen wiederzukehren, da sein Einfluß sich auf Spanien und Frankreich erstreckte[54]. Aber für den Papst
konnte die stete Anwesenheit eines kaiserlichen Hofes die Quelle zahlloser Verdrießlichkeiten
werden. Davon zeugt sogar die Urkunde, an deren Spitze wie ein Glaubenssatz die Worte
stehen: „Wir bekennen, daß Rom das Haupt der Welt ist" (Olleris S. 551. Stumpf 1256).
Denn in dieser mit Unrecht angefochtenen Schenkungsurkunde für Silvester weist der Kaiser,
der sich hier Knecht der Apostel nennt, die angeblichen Rechtsansprüche der Päpste auf das
von ihm geschenkte Gebiet scharf zurück.

§ 96. Nach außen kam Ottos Bestreben, das neue Weltreich mit der Hauptstadt

Polen
und Ungarn.

Rom auf Kosten Deutschlands zu fördern, der römischen Kirche und dem Papste mehrfach zu
gute. Als der Kaiser im Jahre 1000 über die Alpen in die Heimat zog, begleitete ihn der vom
Papste geweihte neue Erzbischof von Gnesen. Dadurch daß Otto Gnesen zum Erzbistum erhob,
machte er Polen in kirchlicher Beziehung von Deutschland frei und ordnete den Herzog Boleslaw
in politischer Beziehung dem römischen Kaiser und nicht mehr dem Deutschen Könige unter.[55]
Daß Otto damit „einen Tributpflichtigen zum Herrn machte", ist, vom deutschen Standpunkt aus
betrachtet, unverzeihlich (SS. III 793): für den Papst konnte es nur angenehm sein, daß der

Kaiser das, vor einem Menschenalter dem Christentum gewonnene, Land jetzt unmittelbar mit Rom verband. Ein Vorteil für beide Teile, für Kaiser und Papst, war die Aufnahme Ungarns in die europäische Völkerfamilie, als der König Waic in der Taufe den Namen Stephan annahm, Bistümer und Abteien in seinem Lande gründete und sich dazu die Genehmigung Silvesters II. erbat [56]. Damit war ein lästiger Nachbar Deutschlands für die Civilisation gewonnen, den zu bezwingen es zunächst keine Aussicht hatte.

Deutschland.

§ 97. So ist das Jahr 1000 für die römische Kirche von großer Bedeutung, aber in Deutschland beeinträchtigte die zunehmende Abneigung der Deutschen gegen Ottos III. schädliche Pläne auch die Macht des Papstes. In den Jahren 992 und 997 hatten die Päpste noch die Hülfe der Deutschen gegen die französische Kirche in Anspruch genommen; jetzt, nach Ottos letzter Reise in Deutschland, ruft Bernward von Hildesheim vergebens den Beistand des Papstes für sein Kloster Gandersheim an. Auf einer Kirchenversammlung in Pöhlde am 21. Juni 1001 fand der päpstliche Legat solchen Widerstand, daß er den ersten deutschen Kirchenfürsten, Ottos einstigen Berater Willigis, suspendieren mußte. So war die deutsche Kirche durch Ottos Gleichgültigkeit gegen ihre Interessen in eine Stellung gedrängt, wegen welcher sie sechs Jahre vorher die französischen Bischöfe heftig angegriffen hatte (SS. III 771. 772).

Italien.
Ottos Tod.

§ 98. Otto III. hatte die Römer „in die entferntesten Teile seines Reiches geführt, ihnen zu Liebe hatte er die Sachsen und alle Deutschen verworfen, er hatte sie als seine Söhne angenommen und allen Völkern vorgezogen" (SS. IV 770). Aber dadurch, daß Otto III. sich seiner deutschen Abkunft schämt, wird er noch nicht zum Italiener, und den Römern ist ihre nationale Selbständigkeit und ihre städtische Freiheit lieber als die Herrschaft des Kaisers. Schon während dieser in Deutschland weilte, waren zu Rom im Mai und zu Orta am 9. Juni des J. 1000 Unruhen vorgekommen (Olleris Br. 222. 220). Als dann Otto III. im Winter auf dem Aventin wohnte, erhoben sich die Römer selbst gegen den Kaiser und belagerten ihn in seinem Palaste. Mag Otto nun von dort geflohen sein oder durch seine Rede die Römer umgestimmt haben, jedenfalls wagt er nicht mehr in der Stadt zu bleiben, und wie ein Fliehender verläßt er am 17. Febr. 1001 Rom [57]. Silvester II. begleitet ihn, und so lange der Kaiser lebt, kann auch er nicht nach Rom zurückkehren. Den Wunsch, mit deutschen Truppen an Rom Rache zu nehmen, sollte der Kaiser nicht mehr erfüllt sehen, denn nicht alle Deutschen wollten ihm von neuem ihre Mannen nach Italien schicken, und der Ladung zur Synode folgte fast niemand. Als dann endlich Heribert von Köln ihm im Januar 1002 ein stattliches Heer zugeführt hatte, erkrankte Otto III. im Schlosse Paterno, auf einem Hügel nahe dem Berge Sorakte, am Fieber. Eben erst war die Nachricht eingetroffen, daß seine Werbung um eine byzantinische Prinzessin Gehör gefunden habe, aber gleichzeitig erfuhr er, daß viele deutsche Fürsten seinen Befehlen nicht mehr gehorchen wollten. Diese Gemütsbewegungen brachen vollends seine Kraft, die schon durch die langen Bußübungen des letzten Jahres aufgerieben war. Das Fieber war nur ein Symptom der Blattern gewesen, denen sein zarter Körper nach zehn Tagen erlag; am 23. Januar 1002 starb Otto in den Armen Silvesters II.

Silvesters letzte Tage.

§ 99. Während die deutschen Krieger die Leiche ihres Kaisers unter steten Kämpfen durch Italien geleiteten, um ihn an der Seite des großen Karl, „den thatenlosen neben dem thatenreichsten Mann", zu Aachen zu bestatten, kehrte Silvester in seine Stadt zurück. Hier hatte sich Johannes, der Sohn des berühmten Crescentius, zum Patricius gemacht; sein Geschlecht war Otto III. feindlich, aber Silvester vertrug sich mit ihm und den Römern leicht, da er ihnen nach dem Tode des Kaisers nicht mehr gefährlich war, und er führte am 3. Dezember 1002 den Vorsitz auf einer Lateransynode. Die gewöhnlichen Arbeiten der päpstlichen Kanzlei nehmen ihren Fortgang, indem der Papst auf Verlangen Privilegien bestätigt und neu erteilt. Aus einem Briefe (3930, Olleris S. 153) spricht die, den wissenschaftlich gebildeten Mann charakterisierende, Bescheidenheit, wenn er sagt, seine Bücher wären noch in Frankreich, und da er über Präcedenzfälle nichts nachgelesen habe, wolle er kein vollständiges Gutachten abgeben. Ob alle Silvester II. zugeschriebenen theologischen Schriften von ihm verfaßt sind, unterliegt begründetem Zweifel (§ 13); sicher ist, daß er sich auf der Höhe irdischer Macht nicht zu groß fühlt, um dem Scholastikus Adalbold noch eine geometrische Frage zu beantworten (§ 47). Sonst haben wir keinerlei individuelle Nachrichten mehr über ihn [58]. Am 12. Mai 1003 ist er dann entschlafen, und sein Leib ward zu San Giovanni in Laterano bei gesetzt, wo ihm Sergius IV. eine noch jetzt im Porticus der Kirche befindliche Grabschrift setzte [59].

§ 100. Es hatte Eindruck auf die Welt gemacht, daß der gelehrteste Mann seiner   *Beurteilung* Zeit auf den Stuhl Petri gekommen war, dessen Inhaber noch 6 Jahre vorher ihre Unbildung als berechtigte Eigentümlichkeit angesehen hatten. So groß war der Ruhm seiner Kenntnisse gewesen, daß er den Papst noch in demselben Jahrhundert in den Verdacht brachte, mit dem Teufel im Bunde zu sein, und die dichtende Phantasie der späteren Geschlechter hat sich selten mit einem Papste so viel beschäftigt, wie mit Silvester II [60]. Von jeher haben die Akten der Synode zu Verzy ihm den leidenschaftlichen Haß mancher eingetragen; der Deutsche hat Silvester II. für Ottos III. unheilvolle Pläne verantwortlich gemacht, der Franzose bei ihm französischen Patriotismus vermißt. Der Gelehrte des 19. Jahrhunderts findet, daß seine Kenntnisse eigentlich recht geringfügig waren, wenn er sie mit den seinigen vergleicht, und wir alle können aus seinen Briefen entnehmen, daß er ein Mensch gewesen ist, mit Ehrgeiz und Haß, mit Leidenschaften und Schwächen, wie wir alle. Auch zu seinem Ruhme ist viel Unbegründetes geschrieben, von der Einführung des arabischen Ziffernsystems, der Abfassung der ersten Kreuzzugsbulle und seinem Traume von der Hierarchie, der erst unter Gregor VII. zur Wahrheit werden sollte (§ 42 u. 45, 57, 13). Gerbert steht an der Grenze der beiden Jahrtausende unserer Zeitrechnung, aber seine Blicke sind mehr dem Anfange des ersten, als dem zweiten zugewendet. Seine Gedanken eilten dem zehnten Jahrhundert nicht voraus, sondern sie hatten ihre Wurzeln im römischen Altertum; dessen Wissen und Können machte Gerbert als Lehrer sich zu eigen, dessen Zustände und Ideale hoffte Gerbert als Staatsmann wiederzuerwecken. Die Freude am Lernen ist sein Ruhm, die Freude am Lehren sein Verdienst, und der glücklichen Vereinigung beider verdankt er seine Erfolge.

Anmerkungen.

[1] Brief 146 verweist auf 144. 161 auf 130, 177 auf die Acta Conc. ad S. Basolum; 128 erwähnt, daß die Abschrift eines von Gerbert verfaßten Briefes Emmas an Theophano nachher an Adelheid geschickt ist.

[2] Brief 1 (Domino suo O. Cesari semper augusto, G. quondam liber). 4. 12. 14. 187 u. a. Bei den 15 Briefen Abbos (Migne, 139) fehlt der offizielle Titel nur vor 9 und 15.

[3] Titel und Anfangsworte der in L fehlenden Briefe sowie Brieftitel, welche in L fehlen, wenn sie sich in V und M befinden, aber teilweise mit besseren Lesarten.

[4] Die in ihm überlieferten Briefe 31—33 zeigen nach der bei Havet abgedruckten Vergleichung 6 Auslassungen, 3 falsche Lesarten, 1 Umstellung mit P (V M D) übereinstimmend.

[5] Neues Archiv IX. 1884. S. 341. Ewald, zur Diplomatik Silvesters II.

[6] Vgl. Kehr in Sybels hist. Zeitschrift 64, 275. Havet S. LIX. 2.

[7] Vgl. J. Harttung im Neuen Archiv I 587 und P. Ewald im Neuen Archiv VIII 354.

[8] Richer ist in den M. G. SS III 561 von Pertz, in 2ter Auflage von Waitz 1877 in 8° herausgegeben und vom Fehrn. Karl v. d. Osten-Sacken, Berlin 1854 übersetzt, vgl. Wilmans, Otto III, S. 175—186. G. Monod, études sur l'histoire de Hugues Capet. Revue historique XXVIII 1885, S. 241—272.

[9] Auch Sigebert SS. VI 353 verlegt die von ihm erzählte Belagerung von Laon in das Jahr 988. Aber er kennt überhaupt nur eine. Über Gerberts Brief 112 vgl. § 68 u. Anm. 42.

[10] Richer III 43. Genauere Angaben sind nicht möglich, vgl. § 17. Br. 194 ist wahrscheinlich im J. 995 geschrieben. Das vestra lingua in Br. 17 ist in dem Munde des weitgereisten, in Reims befindlichen Mannes auch für die Muttersprache nicht anstößig.

[11] Acta Sanctorum Octobris, VI. Brüssel 1853, S. 316. W. Schultze, Forschungen zur Gesch. der Klosterreform. 1883. S. 17. 59. 70. Regula Sancti Benedicti 30:

Dum pueri excedunt, opus est medicamine poenae,
Jejunant, verbis verberibusque luant.

[12] Gerald 16. 17. 35. 45. 46. — Raimund 16. 45. 91. 92: cui omnia debeo, 163 und 164 aus dem Jahre 995. — Ayrard 7. 17. 45. 91. 163. Das vermutlich aus dem 12. Jahrh. stammende kurze Chronicon Aurelianense (Mabillon, vetera analecta 1723, S. 350) erzählt: Raimundus Caturcensis nobilis ex castro Saura nominato abbas eligitur, qui curat erudiendum Gerbertum, adolescentem obscuro loco natum; sed quia ingenio erat vafer, praeclarus in litteris evasit. . . . Hic multa bona contulit coenobio et misit munera Raimundo sodali, videlicet libros grammaticorum et expositiones in Hieronymum et Ambrosium.

[13] Specht S. 86 u. 87. Theodulfi carm. 46 (M. G. Poetae Latini I 544):

Hujus laeva tenet flagrum, seu dextra machaeram.
Pigros hoc ut agat, radat ut haec vitia.

[14] Günther S. 43. Wattenbach, Geschichtsquellen. I⁵ 385: Abbo war in Fleury bereits Lehrer, studierte aber dann noch in Paris, Reims und Orléans. Raimund will später (91) einen Mönch zur Erlernung des Orgelspiels nach Italien senden.

[15] Kalckstein S. 321. Marca Hispanica ed. Baluze 1688. S. 399. In der (nicht originalen) Überschrift von Brief 112 heißt er marchio. Richer III. 43. 44. IV. 14 nennt ihn dux citerioris Hispaniae. Darum braucht er aber noch kein Ducat zu besitzen.

[16] Richer III. 43: apud quem etiam in mathesi plurimum et efficaciter studuit. Vich hieß zur Römerzeit Ausa und war Hauptstadt der Ausetaner. Im Mittelalter Vicus Ausetanorum, woraus der moderne Name Vich. Seine Kirche in den Bullen 3946—49 ecclesia Ausonensis. Vgl. auch § 95.

[17] Büdinger S. 19—21. 47. Sein Tod: Florez, España sagrada, Bd. 28. Madrid 1754. S. 100: Ipso die (XI Cal. Sept.) fuit interfectus Atto archiepiscopus et nostrae sedis canonicus.

¹⁸) Bei Richer nur G; sein Name ist durch eine glaubhafte Conjektur Büdingers erschlossen. D'Achery, spicilegium. II ² 571: das Protokoll der Synode von S. Maria im J. 973 trägt u. a. die Unterschrift Geranni archidiaconi. Die Reihenfolge der Ereignisse ist begründet in § 18.

¹⁹) Flodoard SS. III 406.

²⁰) Scholasticus heißt bei Gerbert, wie auch sonst, Lehrer oder Schüler. Havet zu Br. 7.

²¹) Pertz sagt SS. III 562 von Richer: monasterium Sancti Remigii intravit, ubi sub Rodulfi abbatis disciplina ab egregio magistro Gerberto litteris instructus, artibus liberalibus studium advertit. Soll das heißen, daß die Schule im Remigius-Kloster vor der Stadt war? Ich finde dafür keinen Beweis, und der Abt dieses Klosters ist von Gerbert nicht genannt.

²²) Specht S. 182. 185. Günther S. 54. 125.

²³) Robert ist (vgl. § 20) 970/71 geboren. Nach 984 war Gerberts Lehrthätigkeit keine ganz geordnete mehr, auch ist die politische Lage da nicht mehr so, daß Hugo seinen Sohn nach Reims geschickt haben würde.

²⁴) Thietmar SS. III 762. Vita Adalberti SS. IV 582. 595. Richer III 56—60.

²⁵) So sagt Nagl in den Sitzungsberichten der philosoph. hist. Klasse der Kais. Akad. d. Wiss. CXVI Wien 1888. S. 864 von der Rechenkunst. Das Urteil läßt sich aber wohl verallgemeinern.

²⁶) Vgl. Günther S. 72. 94 u. a. Bernelinus bei Olleris S. 359: Abaci tabula, diligenter undique prius polita, ab geometris glauco pulvere solet velari, in qua describunt etiam geometricales figuras.

²⁷) Günther S. 71. Specht S. 74.

²⁸) Brief 8: octo volumina Boetii de astrologia, praeclarissima quoque figurarum gometriae (sic L.), aliaque non minus admiranda. Dies Werk ist verloren, vgl. Havet S. 6, 8. Daß in Br. 130 mit Hdschrift L Manlius das heißt Boethius und nicht mit Masson und Du Chesne die Astronomica gemeint sind, welche erst seit dem 16. Jahrh. den Namen Manilius tragen, zeigt Havet S. 118, 1 mit Verweisung auf Lanson, de Manilio poeta. 1887.

²⁹) Büdinger S. 38—42. Werner S. 75—76.

³⁰) Genaueres bei Günther S. 92—106 und bei Nagl S. 876 f. Cantor S. 775.

³¹) Bei Olleris S. 311—348. 349—356. Der Titel Gerbertus scolasticus steht zu den Worten der Einleitung: „Itaque cum aliquot lustra jam transierint, ex quo nec librum nec exercitium harum rerum habuerimus" in vollkommenem Widerspruch und ist, wie Havet S. 238, 2 sagt, auch nur Massons Phantasie entsprungen. Wenn aliquot wenigstens 2 lustra, also 10 Jahre sind, hat Gerbert die Schrift als Erzbischof, wahrscheinlich aber als Papst verfaßt. Ein ähnlicher Fehler Massons ist in § 4 erwähnt. Bernelini über abaci bei Olleris S. 357—402. Eine arithmetische Frage beantwortet Gerbert in Br. 134.

³²) Brief 8: praeclarissima quoque figurarum geometriae. Nach Blume, die Schriften der röm. Feldmesser. II. 1852 S. 10 war der codex Arcerianus bis 1493 in Bobbio, seit 1815 in Wolfenbüttel. Havet S. 7, 1.

³³) So Hankel bei Werner S. 73. Gerberts Brief an Adalbold ist die Antwort auf eine uns nicht erhaltene Frage über den Inhalt des gleichseitigen Dreiecks. Wie hier Adalbolds Frage, so fehlt auch die Antwort Gerberts auf den Brief Adalbolds. Beide im codex L fol. 103—106 auf Papier (nicht auf Pergament) überliefert und bei Olleris S. 471—475 abgedruckt.

³⁴) 180 Schluß: sanctas synodus VI (so schrieb die Hdschrift L. nicht IV, wie Duchesne schrieb), quas universalis mater accelesia confirmat, confirmo. Du Chesne's Fehler hat Gfrörer eine willkommene Gelegenheit, unsern Gerbert auch der Häresie zu beschuldigen.

³⁵) Specht S. 187. Über Othrik SS. IV 595.

³⁶) Richer III 65. Giesebrecht, Jahrbücher Ottos II. S. 69. Stumpf 782 788. Das Jahr ist nur combiniert, nicht bestimmt überliefert. Otto II. hatte im Oktober 980 Deutschland verlassen und am 5. Dez. in Pavia, vom 28. Dez. bis 28. Jan. 981 in Ravenna Urkunden ausgestellt. In den Urkunden wird Adalbero nicht genannt, aber überhaupt kommen als Bittsteller nur Theophano und Herzog Otto vor.

³⁷) v. Montalembert, die Mönche des Abendlandes. II 494. Das Kloster ist 1803 aufgehoben, die Kirche dient als Pfarrkirche. Die Urkunde (1168) vom 1. Okt. 908 für Bobbio ist mir nicht zugänglich. Gerbert selbst schreibt Br. 19 an Rainard: unius anni tria diversa imperia super te, das ist die Amtszeit Petrolds. Gerberts und seines Nachfolgers. Daraus geht hervor, daß Gerbert kein ganzes Jahr dort war, also erst 983 hingekommen ist. Die von Havet citierten Urkunden Stumpf 540, 1202 für Bobbio sind, worauf Kehr bei Sybel 64, 276 hinweist, grobe Fälschungen aus der staufischen Zeit. Von 1202 giebt es Leibniz Ann. imp. III 732 und Stumpf im Nachtrag an. 510 habe ich nicht gesehen.

³⁸) Wer den Worten keinen Zwang anthun will, was wir nach der jetzigen Überschrift von 58 nicht mehr nötig haben, kann 16: *sine rectore patriae* nur auf den Tod Ottos II. beziehen.

³⁹) Vgl. § 21. Richer III 103: Factisque insidiis negotiatorum claustrum, muro instar oppidi extructum, ab urbe quidem Mosa interfluente sejunctum sed pontibus duobus interstratis ei annexum cum electis militum copiis ingressi sunt. Man sieht, daß Richer von einer Rückeroberung der ganzen Stadt nicht ein Wort sagt, sondern nur von der Vorstadt spricht.

⁴⁰) Aimoini Miracula II 18, III 1. fratrum ipsorum electione et regia principis Lotharii donatione.

⁴¹) Stumpf 899: In die Zeit, wo Adalberos Sache noch schwebt, paßt die Urkunde schlecht hinein, da diese Schenkung Ludwigs Verdacht nur bestätigte. Erwähnt ist Ludwigs V. Erscheinen vor Reims zuerst in Brief 89, wo Gerbert als Termin für Adalberos Aburteilung den 27. März bezeichnet. Der Anfang des Briefes 94 hindert uns, 89 später als Sept. 986 zu setzen. Vgl. § 10.

⁴²) Anfang von Brief 112: Quin misericordia Dei praeveniens *regnum Francorum quietissimum* nobis contulit etc. Betrachten wir Richers Bericht (IV 13) in dem § 19 vorgeschlagenen Sinne als gegeben, so lassen sich die Briefe 111 und 112 damit nur vereinigen, wenn wir annehmen, dass Roberts Wahl bald nach der Krönung Hugos erfolgt ist. Dafür spricht erstens, daß Borell binnen zehn Monaten Hülfe haben will, d. h. bis Ostern, den 8. April 988 (112), da an einen im Winter 987/88 für Ende des Jahres in Aussicht genommenen Winterfeldzug nicht zu denken ist. Es ist natürlich, dass Borell gleich nach Hugos Krönung ihn um Hülfe angeht und sie für das nächste Frühjahr erbittet. Zweitens wäre der von Richer angegebene Grund Adalberos, daß man nicht i einem Jahre 2 Könige wählen könne, ganz nichtig, wenn die Wahl 8 Tage vor Neujahr stattfände, denn so lange hätte Hugo dann wohl auch noch warten können. Es spricht nichts gegen unsere Annahme, daß bald nach Hugos Wahl der Brief von Borell eintraf und daß dann nach 1—2 Monaten Robert gewählt ist. Etwa gleichzeitig mit der Wahl schrieb Gerbert die Briefe 111 und 112. Nachher besetzt Karl Laon, Hugo belagert ihn. Zu Weihnachten wird Robert in Orléans gekrönt und am 1. Januar 988 in Reims gesalbt. Auch Ottos III. Krönung wurde auf Weihnachten 983 verschoben, nachdem er im Sommer gewählt war.

⁴³) Acta conc. Remensis. c. 5. 14. Br. 217. Havet S. 204 unten.

⁴⁴) Brief 140 ist vor 142 geschrieben. In 142 sprechen Gerbert und Adalbero die Hoffnung aus, den Nachfolger Oilbods von Fleury *proxime in festo beati Remigii* zu sehen. Der Tag des Heiligen Remigius von Romen ist der 19. Januar, des Remigius von Reims der 1. Oktober. In Reims kann mit dem Remigiustage nur der 1. Oktober, der Tag seiner Translation, nicht der 13. Januar, sein Todestag, gemeint sein, also ist der Brief Ende September geschrieben. Vgl. Potthast, Wegweiser. 1868. S. 249. Brinkmeier, Chronologie S. 162. Zu dem in § 72 angegebenen Datum von Adalberos Tode paßt die Angabe des Chronicon Mosomense bei d'Achery, spicilegium II 572.

⁴⁵) Richer IV 30. 31. 60. Acta c. 6. Conc. Caus. p. 253. Die Wahl Arnulfs erfolgt nach dem Wortlaut der Wahlurkunde (155) viel später als am 22. Februar 989, doch müssen wir aus Brief 217 S. 205 schließen, daß sie 23—24 Monate vor der Versöhnung Hugos mit Erzbischof Arnulf erfolgte, und diese wieder liegt unbestimmte, nicht sehr lange Zeit vor der am 29. 30. März 991 erfolgten Einnahme von Laon (IV 47). So kommen wir auf den März 989. — Brief 160, in Hdschr. L als Schluß von 159 überliefert, ist dunkel. Ich nehme an, daß ihn Gerbert in Arnulfs Namen, gleichzeitig mit 159 nach Italien geschickt hat. Er stellt Theophano für Ostern 989 seine Dienste in Aussicht, vielleicht bei den schon längst beabsichtigten Friedensverhandlungen in Frankreich. Das in *obsequio esse* auf eine Theophano in Deutschland oder Italien darzubringende, persönliche Huldigung zu beziehen, verbietet das eben vorher genannte Verbot Hugos. Theophano ist Weihnachten 988 in Rom und bleibt bis Anfang 990 in Italien. Da die Annales Hildesheimenses unter 989 die Ereignisse vor und nach Weihnachten, also zweier Jahre erzählen, und sie das Jahr mit dem Weihnachtstage beginnen (wie im Jahre 984), so kann Weihnachten 988 oder 989 gemeint sein. Gregorovius III. 394 nimmt das Jahr 989 an. Auch in diesem Falle können wir sie schon vom Frühling 989 an in Italien erwarten.

⁴⁶) Richer IV 56. Acta 5. Br. 217, S. 205. Conc. Mosom. S. 246: Cui autem, plus quam oportuit, fidele obsequium exhibui.

⁴⁷) Thietmar (IV 10. SS. III 772) setzt die am 21. Okt. 990 eingetretene Sonnenfinsternis (Brinkmeier, Chronologie S. 477) fälschlich auf 989. Deshalb ist auch das Todesjahr Theophanos zu ändern. SS. III 68. Ann. Quedl. 991.

¹⁸) *Concilium causcinum* mit sonst ungewöhnlicher Ausdrucksweise „*das Concil, wo Gerbert angeklagt war*". Hefele. Coney heißt bei Richer III 20 Codiciacum castrum. Du Cange erklärt *Cansaius* mit *reus qui ex aliquo crimine ad causam ducitur*.

⁴⁹) SS. IV 641: Adelheid befand sich am 18. Nov. 996 zu Selz im Elsaß, wo Otto III. der Einweihung des von ihr gestifteten Klosters beiwohnte. Wo sie sich nachher aufhielt, ist nicht bekannt. Wimmer, Kaiserin Adelheid. 1889. S. 118.

⁵⁰) Vgl. § 43. Wir wissen nicht, ob Gerbert die Bamberger Handschrift H. J. IV 12 (F. 20), deren Widmung bei Giesebrecht I 897 abgedruckt ist, dem jungen Kaiser überreicht hat. Die Widmung enthält die Mahnung:

Omnia si numero quapropter ad omnia constant,
Omnibus ut prosis, utere rex numero.

Otto III. hielt sich am 17. Juli in Mühlhausen (1119), dann in Magdeburg (vgl. § 45), am 20. August in Leitzkau (1120) auf. Vgl. die Vorrede zum libellus bei Havet app. II. und § 38.

⁵¹) Jaffé 3883. Olleris S. 547. Gfrörer V 668 und Sugenheim S 107 beachten nicht, daß 5 mal *tua ecclesia* und 2 mal *tui successores* genannt sind, und von einem rein persönlichen Geschenk an Gerbert gar nicht die Rede sein kann. In Wirklichkeit hat Gerberts Nachfolger Leo alle wichtigen Gebietsteile ebenfalls erhalten. Giesebrecht I 894. Stumpf 1208. Als Erzbischof von Ravenna muß Gerbert die Stadt Cesena belagert haben, obwohl Petrus Damiani. Vita S. Mauri. 3. Migne 144. 950 B. ihn „*Papa Gerbertus*" nennt (Jaffé S. 499. n. 1001). Denn Cesena wird am 19. Dezember 999 auch seinem Nachfolger übertragen, und Gerbert als Papst hatte keinen Anspruch mehr darauf. Dem Kirchenstaate wird Cesena erst durch Cesar Borgia unterworfen.

⁵²) Jaffé S. 496. Seine tachygraphische Unterschrift wird gelesen: *Gerbertus qui et Silvester p* (papa? episcopus?) 3906; *Silvester Gerbertus Romanus episcopus* 3925 und 3927. Die Zusammenstellung *Gerbertus papa* in seinen wissenschaftlichen Briefen ist deshalb an sich nicht verdächtig.

⁵³) Stumpf 1183. 1185. Jaffé 3902. Stumpf 1190. 1191. 1196. 1200. 1201. 1202 u. s. w.

⁵⁴) K. Foltz, Neues Archiv III S. 36. nr. 6. Eine Urkunde vom 22. April 998 trägt eine Bleibulle, deren Rückseite die Legende: „*Renovatio imperii Romanorum*" zeigt. nr. 9 *aurea Roma*. Stumpf 1211 (31. Jan. 1000) *servus Jesu Christi*. 1254, 1274 und 1275 (4. April, 22. und 24. Nov. 1001) *servus apostolorum*.

⁵⁵) H. Zeißberg, Ztschr. f. österr. Gymn. 1867. S. 313—348. Unter dem *praesul* bei Thietmar S. 781, 4 verstehe ich Unger von Posen. Wahrscheinlich krönte Otto Boleslaw mit dem goldenen Reif zum Patricius.

⁵⁶) Die angebliche Bulle Silvesters II. ist eine Fälschung aus Gregors VII. Zeit. Abgedruckt bei Olleris Br. 218. vgl. Löwenfeld 3903. Dümmler, Piligrim S. 184, 34. Büdinger, österr. Gesch. I 402, 1.

⁵⁷) Das Datum wird oft falsch angegeben. SS. IV 771, 6: *dominica exurge quare*. Ostern ist im J. 1001 am 13. (nicht 3.) April. also der Sonntag Exurge am 17. Februar. Dazu paßt, daß die Urkunde Stumpf 1249 am 15. Febr. noch in Rom ausgestellt ist.

⁵⁸) Werner S. 110 citiert die Angabe des Chronisten Ademar, daß er seine letzten Tage dem Studium und den Werken der Wohlthätigkeit widmete.

⁵⁹) Jaffé S. 501. Olleris S. CLXXXVI. Gregorovius IV 7 erwähnt die Sage von seiner Vergiftung durch Stephania oder Theodora (Witwe des 998 hingerichteten Johannes Crescentius).

⁶⁰) Die Sagen über Gerbert bespricht Hock S. 159—165. Olleris S. CLXXXVIII. Döllinger, die Papstfabeln des Mittelalters. 1890. S. 184—188. Mabillon. annales Benedictini IV 1739. S. 150. 151: Si quas artes ad illam dignitatem ascendendam adhibuit, non alias sane quam doctrinam, eruditionem et industriam haud vulgarem. qua dextere usus est ad faciendum sibi gradum ad honorem. Hock, S. 165 druckt aus der vita des Bzovius die Worte eines alten Dichters ab:

Ne mirare, magum fatui quod inertia vulgi
Me (veri minime gnara) fuisse putat.
Archimedis studium quod eram Sophiaeque secutus
Tum, cum magna fuit gloria, scire nihil,
Credebant Magicum esse rudes. Sed busta loquuntur,
Quam pius, integer et relligiosus eram.